新潮文庫

消えた海洋王国 吉備物部一族の正体

古代史謎解き紀行

関　裕　二　著

新　潮　社　版

10637

はじめに

「瀬戸」という言葉の響きからだろうか、あるいは、夕日の茜《あかね》に染まった海の印象が強いからだろうか。瀬戸内海と聞くと、のどかで穏やかなイメージがある。

そういえば、小柳《こやなぎ》ルミ子が歌っていた「瀬戸の花嫁」の歌詞には、「瀬戸は日暮れて、夕波小波」というフレーズがあった。この一言が、瀬戸内海の穏やかな風景を、人びとに印象付けたのかもしれなかった。

だが、瀬戸内海の潮流は、思いのほか速い。

多島海は海中に多様な地形を造りだし、潮の満ち引きに際し、ポンプの役割を果たし、さらに潮の流れを加速させる。だから、目に見えない複雑で荒い潮流を生み出すのである。

『万葉集』に潮待ちの歌が残っているのも、「潮に乗らなければとてもではないが航海できない」ほどの潮流が生まれるからである。しかも、右から左からランダムに波がぶつかり、油断していると渦に巻き込まれ、海の藻屑《もくず》と消えるほど、瀬戸内海の潮の流れは侮《あなど》れない。

瀬戸内海は、この一帯の海流の変化を読むことができる地元の海人《あま》たちの「庭」であったとしても、よそ者にすれば、とてもではないが安心していられない、むずかしい航路なのである。

それで思い出した。『日本書紀』の神武東征《じんむとうせい》の段には、瀬戸内海に入る手前、豊予《ほうよ》海峡のあたりで、漁師に出会い、彼を水先案内人に指名している。『古事記』では、明石のあたりで亀《かめ》に乗って釣《つ》り竿《ざお》を持った奇妙な男が登場する。まるで、浦島太郎のような格好である。聞けば、海の道をよく知っているという。そこで神武天皇は、この男に水先案内人を命じたというのである。

この場面、さり気ない説話だが、瀬戸内海の潮流の厳しさを如実《にょじつ》に物語っているわけである。

よそ者が瀬戸内海を通ろうとしても、複雑な潮流にもてあそばれ、地元の海人の笑いものになるわけである。それだけならまだしも、手ぐすね引いて待ちかまえる海賊の餌食《えじき》になるのが落ちだった。

いわば瀬戸内海は、「海の迷路」である。目に見えぬ危険が隠されている。けれども、この「海の道」は、誰もが手に入れたかった「流通の大動脈」でもあったのだ。潮流を熟知していれば、「労力なく潮に乗って彼我《ひが》を往来できる」からである。

だから、瀬戸内海の制海権を巡る争いが生まれるのは必定であり、ここに「血なま

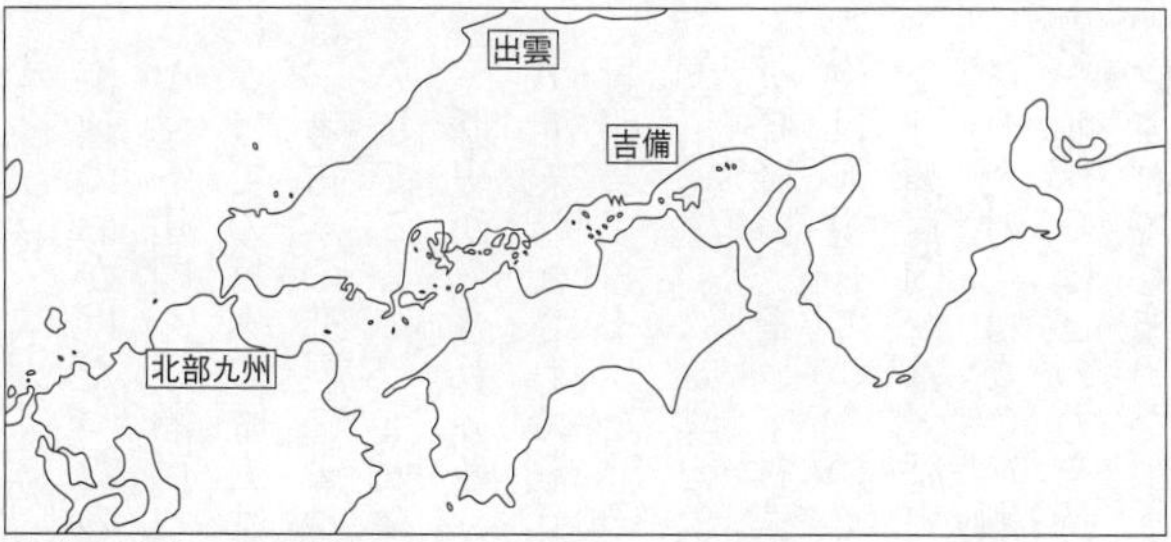

瀬戸内海

ぐさい歴史」が生まれるのである。

瀬戸内海と山陽道が、古代史の宝庫なのは、この一見して穏やかな海の、「内面の激しさ」という二面性に由来する。常人には困難な航路であったがゆえに、自由奔放な海人たちの楽園になったのであり、けれどもその反面、海人たちは、強大な権力に支配されるという宿命を背負い込んだのである。

ここに、瀬戸内の海人たちの優位性と憂鬱《ゆううつ》が隠されていたのだった。

なんとなれば、瀬戸内海を制したものが、日本の王になれたのであり、瀬戸内の海人たちを馭《ぎょ》した者が、巨万の富を獲得したからである。中世、近世に至っても同様で、豊臣秀《とよとみひで》吉《よし》が大坂に城を構えたのは、まさに瀬戸内海の流通を支配するためだった。近世の大坂が

「天下の台所（日本の流通経済の中心）」と威張っていられたのも、じつは、瀬戸内海の海運のおかげだったのである。

ヤマト建国も、瀬戸内海（吉備《きび》）のパワーが押し進めたものだ。三世紀から四世紀にかけての日本の歴史は、まさしく瀬戸内海を中心に動いていたのである。このことは、考古学の進展によって明らかにされた「史実」でもある。

そしてここに、重大な問題が隠されている。なぜなら、この時代の瀬戸内海の活躍が、歴史からきれいさっぱり抹殺《まっさつ》されてしまっているからである。

八世紀に記された朝廷の正史『日本書紀』は、ヤマト建国のいきさつを神話の世界に封印してしまった。それだけならまだしも、ヤマト建国の中心に立っていたはずの「瀬戸内海」を、神話にも登場させていない。ヤマト建国に至る道のりは、出雲《いずも》神話と天孫降臨《てんそんこうりん》、そして神武東征に集約され「出雲と九州が主役だった」と記録し、瀬戸内海は無視しているのである。

なぜ瀬戸内海は、歴史から抹殺されてしまったのだろう。

それだけではない。瀬戸内海勢力の雄「吉備」は、五世紀前半、ヤマトの大王家と肩を並べるほどの力を持ちながら、五世紀後半、雄略《ゆうりゃく》天皇の出現とともに一気に押しつぶされてしまったようなのだ。あまりにも強大になりすぎたがゆえに、ヤマトの大王の逆鱗《げきりん》に触れてしまったということだろうか。

ただここに、もうひとつの謎《なぞ》が隠されている。というのも、『日本書紀』によると、吉備を潰《つぶ》しにかかった雄略天皇は暴君で、「ヤマトで孤立していた」というのである。いったい、味方のいない雄略天皇が、どのようなマジックを駆使して、瀬戸内海を殺しにかかったというのだろう。

じつはここに、これまで見逃されてきたヤマト建国の秘密が隠されていたのである。瀬戸内海は、日本の流通の要衝であったからこそ、ヤマト建国の大黒柱となった。そしてヤマトの王家は、祭司王の役目を負わされ、瀬戸内海勢力に頭が上がらなかったのだ。ところが五世紀にいたり、ヤマトの王家は、とある妙案を思いつき、瀬戸内海の制海権を奪いに出たようなのだ。

瀬戸内海の発展と衰退。ここに、ヤマト建国後の日本の本当の歴史が隠されているのである。

瀬戸内は歴史の盲点であり、知られざる歴史の宝庫なのである。これまで語られることのなかった新たな歴史をみつけに、旅に出てみようではないか。

消えた海洋王国 吉備物部一族の正体 古代史謎解き紀行 ●目次

消えた海洋王国　吉備物部一族の正体

古代史謎解き紀行

第一章

日本史を変えた関門海峡

福岡市東区と博多区

関門海峡

■下関に行く前に香椎宮《かしいぐう》

瀬戸内海の歴史を書きたいと考え、ぜひとも関門《かんもん》海峡を見てこなければと、旅の支度を始めた。二〇〇六年八月のことだ。

久しぶりに三泊四日の「大旅行」だ。目が回りそうなスケジュールをやりくりして、ようやく造りだした日々である。せっかくだから、あれもこれも見てみたいと、どんどん欲がでてきた。

だいたい、下関に行くのなら、まず福岡空港に降りた方が、航空券も安く済みそうだという、ケチな了見が頭をもたげてきた。そうなると、八月中に旅に出るより、九月に出発した方が、航空券が格段に安くなる。出発は、九月一日と決めた。

「それに、下関の豊浦宮《とゆらのみや》（忌宮《いみのみや》）に行くのだから、その前に香椎宮（橿日宮《かしひのみや》）にお参りしておかないと……」

という、強引な言い訳をつくってみたりもした。

いや、これは、後から考えれば、正解だったのだ。なぜなら、山陽道、瀬戸内海は、神功皇后《じんぐうこうごう》伝説に満ちあふれているからなのである。それならば、伝説の出発点となった香椎宮を、是非とも訪ねておかなければならない。

豊浦宮も香椎宮も、どちらも神功皇后にゆかりの深い場所だ。

『日本書紀』には、おおよそ次のような説明がある。仲哀《ちゅうあい》天皇二年（実年代は確定できない）、九州のクマソ（熊襲《くまそ》、隼人《はやと》）が背いたために、神功皇后は夫の仲哀天皇とともに穴門豊浦宮《あなとのとゆらのみや》（これが現在の忌宮と推定されている。山口県下関《しものせき》市）に滞在し、さらに西に向かい、博多《はかた》の手前の橿日宮（現在の香椎宮）を拠点にしたという。

忘れてはならないのは、この二つの宮には、悲劇の匂《にお》いが立ちこめていることである。

まず、悲劇は香椎宮で起きた。仲哀天皇は神のいいつけを守らなかったから、変死し、さらに、遺骸《いがい》は穴門豊浦宮に移され、死は秘匿《ひとく》されたのである。

いったい、二つの宮で何が起きていたのか……。なぜ仲哀天皇と神功皇后は、穴門豊浦宮と香椎宮に居を構えたのか。その場に立ってみれば、これまで見えなかった「何か」が、発見できるのではないか……。これまでなぜこの二つの宮に足を運ばなかったのか、自分でも不思議なくらいだ。

もっとも、下関という場所は、関東の人間にとって、よほどの「フグフェチ」でないかぎり、「どうしても行きたい」と思う場所ではない。だから、秋芳洞《あきよしどう》は訪ねたことはあったが、下関は、この歳《とし》になるまで、足を踏み入れたことがなかったのである。

そうこうしているうちに、どうせ博多に行くのなら、

「ブルトレ（ブルートレイン）も悪くないなあ」

と時刻表を引っ張り出し、迷いに迷った。

嵐山光三郎《あらしやまこうざぶろう》氏の『日本全国ローカル線おいしい旅』（講談社現代新書）に、「還暦をむかえた月夜の晩に、これからやりたいこと」を考えたら、いの一番に、「寝台列車の旅」が浮かび、不良じじいの手本になってやろうと思いついた、という件《くだ》りがある。

旅好きだったら、ブルトレは、たまらない魅力だ。中年になると、ついつい楽な乗り物を選びがちだが、久しぶりに、無駄な時間を過ごすのも、悪くない。それに、九州方面のブルトレの列車は老朽化が進み、なおかつ年々乗車率が低下しているから、いつ廃止になるとも限らない（事実、すでに廃止になってしまった）。

「そうだ、ブルトレで行こう!!」

久しぶりに気分が高揚したが、時刻表とにらめっこしているうちに、複雑な心境に陥った。

なにしろ、東京を夕方六時三分に出発した「特急はやぶさ」は、翌朝の五時二十分

頃広島、八時半頃関門海峡を通過。そして博多到着が、九時五十四分。十六時間弱の長旅である。しかも、たまたま傍らにあった雑誌『旅』にA1寝台のイラストが載っていて、これが半端じゃなく窮屈なのだ。しかも、弁当を買わずに飛び乗ると、翌朝まで何も食べられないという、恐ろしい事実が書き込まれている。売り子がやってこないというのだ。札幌行きの豪華寝台「カシオペア」とは大違いなのだ。

「うーん。これは、一歩まちがえれば、拷問《ごうもん》になる」

時間が有り余っているのなら、冒険心も湧《わ》こうものだが、さすがに、それだけの体力も時間もない。ここで体力を消耗すれば、次から次と巡ってくる原稿の締め切りに、支障をきたす。だんだん気分が萎《な》えて、結局格安航空チケットをインターネットで予約した。

■隠れた穴場の博多住吉《すみよし》神社

旅は出だしから躓《つまず》いた。羽田九時五分発の福岡空港行きは、機材のトラブルが発生し、四十五分の遅れとなった。よもや、袖《そで》にされたブルトレの祟《たた》りではあるまいな？午前中に博多の街に出られると思っていたが、到着は昼近くになってしまった。

空港から地下鉄に乗って、博多駅で降り、そのまま歩いて宿に直行した。チェックインの時間にはほど遠いが、荷物だけでも預かってもらおうと、フロントに向かうと、ありがたいことに、そのまま部屋に案内された。飛行機が遅れて予定が狂ったが、ひとまずホテルで一休みできた。

博多の九月一日は、ほぼ真夏の暑さだった。覚悟を決めて、表に出なければならない。香椎宮からルートを逆算して、すぐ近くの住吉三神を祀《まつ》る住吉神社、それから筥《はこ》崎《ざき》宮を経由して行く。どこも初めての場所である。

あまり知られていないが、住吉神社は筑前《ちくぜん》国一之宮で、博多の駅から、歩いて数分のオフィスや商店、住宅の密集した中にある。

訪ねてみれば、どの町にでもありそうな、普通の神社である。だが、歴史は古く、これがなかなか侮《あなど》れない。ちなみに祭神は、住吉三神に加えて、天照大神《あまてらすおおみかみ》、神功皇后が連なる。神功皇后は、住吉三神の助けを借りて、新羅征討《しらぎせいとう》を成し遂げているから、大阪の住吉大社でも、神功皇后が主祭神として、肩を並べている。

なぜ一之宮かと言えば、この一帯が、古代の北部九州の中心的な位置にあったからである。いわゆる「那津《なのつ》」、那珂川《なかがわ》の河口が、ここにあったのだ。神社の手前に、小さな池があって、天龍池《てんりゅういけ》という大きさに似つかわしくない名がつけられているが、これが、河口の名残であるという。祭神が日本を代表する海の神であるのは、このような地理と、大いにかかわりがある。

おそらく、太古のこの地は、朝鮮半島や日本海側から、たくさんの船が集まり、賑《にぎ》やかな笑い声が絶えないところだったのだろう。博多の人びとが闊達《かったつ》で饒舌《じょうぜつ》なのは、深い歴史に裏付けられているからだろう。

境内にはいると、鬼縛《おにしば》り石なる物騒な代物《しろもの》を発見。まるで「こけし」のような腰の高さもあろうかという石の棒が、にょきっと屹立《きつりつ》している。

博多にも鬼は現れるのか、その鬼は縛られたまま、ここに朽ち果てたのだろうか。この石は正月七日に行われる追儺《ついな》祭《さい》（鬼遣《おにやらい》。古くは大晦日《おおみそか》に行われていた）で用いられるものだが、鬼を追い払う祭りで、鬼をいじめるための小道具ということだろうか。

祭りといえば、十月十二〜十四日には、相撲会《すもうえ》が行われる。これは、神功皇后がこの地で兵士たちに力比べをさせたことにちなむとされている。宇佐《うさ》神宮《じんぐう》の周辺にも力士が戦う様を傀儡子《くぐつ》（操り人形）が演じるという特殊神事《しんじ》があるが、それが「祟る神功皇后と住吉大神」を鎮《しず》めるための祭りであったことは、この『古代史謎《なぞ》解き紀行』シリーズの『九州邪馬台国《やまたいこく》編（以下、九州編）』で述べた。

博多の住吉大神も、祟る恐ろしい神であった疑いがある。というのも、大阪の住吉大社の『住吉大社神代記《すみよしたいしゃじんだいき》』は、博多の住吉神社を「荒魂《あらみたま》社」と呼んでいるからである。

住吉大神の「荒魂」について、『日本書紀』も記録している。まず、神功皇后摂政《せっしょう》前紀には、新羅征討を終え、筑紫《ちくし》（博多周辺）にもどってきた神功皇后は、宇瀰《うみ》（福岡県糟屋《かすや》郡宇美《うみ》町）で応神《おうじん》天皇を産み落とすのだが、このとき住吉大神が神功皇后に、

「我が荒魂を、穴門の山田邑《むら》（山口県下関市一の宮住吉）に祀れ」

と、語ったという。さらに、このあと、住吉大神は、

「我が和魂《にぎみたま》を、大津の渟中倉《ぬなくら》の長峡《ながお》に祀り、行き交う沖合の船を見守りたい」

と語ったといい、これが現在の大阪市住吉区の住吉大社と考えられている。

都に近い大阪に「和魂」を、都から遠く離れた山口に「荒魂」を祀ったという伝承は、「恐ろしい神はなるべく引き離しておきたい」という古代人の心情が、ストレートに表現されていよう。少なくとも、住吉大神が祟る恐ろしい神という認識は、古代社会で共有されていたと考えられる。住吉大神が大活躍した筑紫で、「荒魂」として祀られていたことも、意味のないことではない。

■西鉄宮地岳《みやじだけ》線のおんぼろ電車

このあと、博多に立ち寄った最大の目的である香椎宮に向かった。

途中、神功皇后が応神天皇の胞衣《えな》を納めたという筥崎宮に立ち寄ったのだが、これは、香椎宮に地下鉄と西鉄を乗り継いでいこうと考えたからだ。

関東に住んでいると、JRを中心に移動を考えるが、地方の都市部では、たいがいの場合、私鉄の方が、便が良い。だから、JR鹿児島本線で博多から香椎駅に行くよりも、地下鉄と西鉄を乗り継いで香椎宮前駅に出るのが、「旅慣れた人間として当然の判断」と考えたのだった。

ところが、地下鉄の終点、貝塚《かいづか》駅に着いて驚いた。西鉄宮地岳（現・貝塚）線は、単線だったのだ!! しかも、電車はレトロな、うれしくなってしまうような「おんぼろ」で、モーターとコンプレッサー（空気圧縮機）が、グワイーン、トロントロントロンと、懐《なつ》かしい音色で唸《うな》っている。これはこれで、うれしい誤算だった。

香椎宮に行くなら、JRの方が、便利だったのだ。

西鉄香椎宮前駅からJRの踏切を渡って、緩く続く楠《くすのき》の並木道をしばらく歩くと、左手に香椎宮の境内が広がっている。

奥に進むにつれ、ぞくぞくする妖気《ようき》が迫ってくる。派手で鮮やかな朱色の社殿が、この土地の「裏側」に潜んでいる暗部を、かえって際立《きわだ》たせているかのようだ。

これは先入観からくる「想像」かもしれなかった。この地で、仲哀天皇が変死し、奇妙なことが起きていたからである。

その奇妙なこととは、『住吉大社神代記』に記されている。仲哀天皇が亡《な》くなられた晩、神功皇后と住吉大神は、夫婦の秘め事をしたというのである。

なぜ、住吉大神と神功皇后が、仲哀天皇の亡骸《なきがら》の前で、不埒《ふらち》な行為におよんだのか。そもそも住吉大神とは何者なのか……。このあたりの詳細は、九州編ですでに触れてあるので繰り返さない。ただ、ここであえて指摘しておきたいことがいくつかある。

まず、境内の裏手、少し山に向かった場所に、「不老水《ふろうすい》」なる神聖な井戸（御《お》飯《いい》の水、老《おい》の水）がある。なぜ不老水なのかというと、三百歳の長寿を全うしたとされる武内宿禰《たけのうちのすくね》がこの井戸の水を仲哀天皇と神功皇后に献上したからである。

これは余談だが、この井戸の水、薬効があると語り継がれてきており、八世紀後半以降幕末に至るまで、朝廷に献上されてきたというから驚いてしまう。

この霊験《れいげん》あらたかな不老水は、今でもこんこんと湧き出ていて、自由にいただくことができる。ただし、午後三時になると門が閉められるので、ご用心。香椎宮の茶店が、三時過ぎに店じまいしてしまうのも、不老水の人気とかかわりがあるのだろう。

この井戸のすぐ脇《わき》は「武内屋敷《たけのうちやしき》」と呼ばれている。武内宿禰の末裔《まつえい》が住んでいたと言い伝えられ、現在ではただ一軒「武内さん」の家が残る。

不老水から境内に戻る途中、左手には摂社があって、そこは古宮大明神址《ふるみやだいみょうじんあと》となっている。社殿はない。ただ、ここが香椎宮の当初の中心であったという。

ここには棺掛椎《かんかけしい》という椎の木があって、仲哀天皇が亡くなられたとき、喪を秘し、お棺を椎の木に立てかけたのだという。すると、薫風《くんぷう》が漂い、ここから「香椎」の名が起きたという。

ではなぜ、お棺を立てかけたかというと、「御前会議」を開くためだったという。つまり、仲哀天皇は「生きている振り」をさせられたわけである。なんとも不気味な光景ではないか。それに、この話を聞いたとき、『神々の故郷出雲編（以下、出雲編）』でお話しした出雲《いずも》国造《こくそう》のことを思い出した。出雲国造が亡くなったとき、死を秘匿《ひとく》され、着衣をただし、食膳の前に正座させられるというのである。

■香椎宮がそこにあったわけ

もし『日本書紀』や『古事記』、それに『住吉大社神代記』に残された仲哀天皇の悲劇が事実で、しかも「お棺を椎の木に立てかけられた」というのなら、これはもう、「オカルト」以外の何物でもない。

けれども、神功皇后身辺の数々の「怪奇現象」の根源は、すでに前著の中で述べている。神功皇后の悲劇こそ、のちに出雲の国譲りと天孫降臨《てんそんこうりん》神話となって語り継がれているのであった。

今回、「山陽道」「瀬戸内海」を選んだのは、神功皇后のその後、つまりヤマト建国とその後の歴史を、はっきりとさせておきたかったからだ。そして、悲劇は、香椎宮から始まっているのである。

ところで、神功皇后や武内宿禰といえば、伝説上の人物であり、大真面目《おおまじめ》に語ることはできないとするのが、これまでの史学界の常識だった。ところが、神功皇后伝説と考古学の物証は、奇妙なほど符合してくる。ヤマト建国の直前、現在の奈良県纒向《まきむく》に生まれた纒向型前方後円墳は、北部九州に伝播《でんぱ》し、神功皇后の足跡と重なってくるのである。

さらに今回、香椎宮に行ってみて、ひとつの事実に気づかされた。それは、ヤマトが博多に進出するとしたら、ここしかない、という場所に、香椎宮が建てられていることだった。

西鉄でもJRでも、電車で博多から香椎宮に向かうと、右前方に小高い丘陵地帯が目に入ってくる。福岡平野の東北の隅が香椎丘陵で、香椎宮は平野のはずれの丘の上に、まさに、博多を睥睨《へいげい》するように建っていたのだった。

古くは香椎丘陵のすぐ目の前まで、海が迫っていたはずだ。そうなると、もし北部九州の首長層が反旗を翻《ひるがえ》したとしても、しばらく持ちこたえることができただろうし、ヤマトからの補給も、海上輸送でまかなえるわけである。

この「香椎丘陵の地理の妙」は、インターネット上の航空写真をみればいっそうはっきりとする。福岡平野の東の青々とした丘陵地帯の突端が、香椎宮だからである。

香椎宮は仲哀天皇が変死した宮として名高いが、これは通説が言うような、「取るに足らないお伽話《とぎばなし》」ではないだろう。この宮は明らかに「軍略」をもって造られたのであり、ヤマトの北部九州進出の足がかりとみて間違いない。このことは、のちに触れるように、下関市の穴門豊浦宮と、同じ目的で造られたこと、穴門豊浦宮と香椎宮はつながっていたことを暗示している。

このように、神功皇后も武内宿禰も「絵空事」ではなかったことは、香椎宮が証明しているように思えてならない。少なくとも、神功皇后や武内宿禰は、「根拠ある伝承」であり、香椎宮をとりまく地理条件は、あまりにもリアルである。

■どこから見ても川にしか見えない関門海峡

翌日、博多を早めに発《た》って、下関に向かった。小倉《こくら》行きの鹿児島本線の快速に乗ると、小倉と門司《もじ》で乗り換えて、下関にはおよそ一時間半ほどで着く。

下関といえば思い出すのは、詩人・金子みすゞのことだ。

山口県長門《ながと》市の捕鯨の街に生まれた金子みすゞは、のちに下関市に移り、昭和五年に二十六歳で自殺している。

金子みすゞの「詩」と、宮沢賢治《みやざわけんじ》の「童話」には、どこか人間の根源に隠された優しさと悲しさを感じる。本を開いて二人の言葉を追っていくと、すぐ涙が止まらなくなるのは、そのせいだろう。

だから、金子みすゞが暮らしていたというそれだけのことだが、下関の街には懐《なつ》かしさを感じるのである。

下関駅前で、「しものせき観光1日フリー乗車券（現在は関門周遊パスポート）」（当時七〇〇円）を購入し、長府《ちょうふ》駅行きのバスに乗り込む。まずは唐戸《からと》で降り、門司港を目指す。九州からやってきたのにわざわざ門司に戻るのは、関門海峡を渡し船で渡ってみたかったし、船の往復料金も含まれているからだ。下関と門司は、ひとつの観光コースと考えると、分かりやすいし、まわりやすい。

門司港の目玉は、何といってもレトロな街並みだ。駅舎からすでに、明治時代から戦前にかけてのこの街の繁栄を物語っている。本州と九州間を連絡船が走り、門司港は九州の玄関口として、栄えたのである。

地理とは不思議なもので、もし関門海峡がなく、本州と九州が地続きだったら、門司も下関も、のどかな田園地帯のままでいられただろう。土地が海峡で分断されていたがために、玄関口としての門司と下関に、人びとが集まった。

九州と本州を隔てる関門海峡の幅は、最も狭いところで、わずかに六百五十メートル。しかも、まるで大阪の淀川《よどがわ》の十三《じゅうそう》大橋から眺める河口のような幅の海峡が、二十八キロほど続くのである。在来線も新幹線も、高速道路も、みなこの海峡の最も狭い場所を求めて集まり、トンネルを掘り、鉄橋を造った。

また、海峡は潮の満ち引きに際し、想像を絶する潮の流れを作り出す。最高流速は十ノット（一ノットは時速約一・八キロ。自転車並みのスピードということになる）に達し、内燃機関のない時代、海峡を渡るには、潮の満ち引きによって、待避する場所が必要だったろう。だからこそ、海峡の周辺に船が集まり、この一帯が繁栄したのである。

そしてこの、どこから見ても「川」にしか見えない海峡こそ、日本の歴史に、大いなる影響力を持ったのである。

■ヤマトの発展を恐れた北部九州

ここで少し、弥生《やよい》時代のおさらいをしておこう。

弥生時代後期の北部九州の繁栄と、ヤマトの困窮の原因が、関門海峡にあったという話である。

さて、弥生時代の開始が、かつて考えられていた時代観よりも五百年ほど繰り上がり、紀元前十世紀にさかのぼる可能性が高くなってきたことはよく知られている。これまで、稲作は一気に短期間で西日本に広まったと考えられてきたが、かなり長い時間を要していたと考えられるようになってきたわけである。

単純に、絨毯《じゅうたん》爆撃をするかのような稲作の普及ではなく、紆余曲折《うよきょくせつ》ののち、時間をかけて、複雑な過程を経て、稲作社会が醸《かも》し出されていたということだろう。実際、弥生時代の西日本の文化圏、生活圏は、いくつにも分かれ、それぞれの地域ごとに個性と独自性があったようだ。

特に、近畿地方と北部九州は、お互い何かとライバル視していたようなところがある。青銅器文化圏は、銅鐸《どうたく》重視の近畿地方と銅矛《どうほこ》重視の北部九州といった具合に、くっきりと異なるし、北部九州はヤマトの成長を恐れていたようなところがある。

その理由は、すでに九州編で述べておいた。北部九州には、「日田《ひた》」（大分県日田市）という防衛上のネックがあった。西側の筑紫《つくし》平野側から日田の盆地を攻めるのは至難の業で、逆に東側からは攻めやすいため、いったん日田を東側の勢力に奪われれば、筑紫平野側は身動きがとれなくなるのである。

また、北部九州が近畿地方を攻めるとなると、地の利の点で、圧倒的に不利だった。まず、瀬戸内海という難所を越えなくてはならない。無事に難波《なにわ》（大阪）にたどり着けたとしても、その先が厄介だった。奈良の盆地に入るには、生駒《いこま》と葛城《かつらぎ》山系が立ちはだかっているからだ。大和川をさかのぼっていけば、それこそ両岸に迫る崖《がけ》から、矢を射かけられるだろうし、山を越えようとすれば、神武天皇が敗れたように、土着の民のゲリラ戦で撃退されるのが落ちだ。ヤマトは、難攻不落の天然の要害だったのである。

だから北部九州は、潜在的に、ヤマトの発展を恐れていたはずである。

もちろん、弥生時代、日本でもっとも栄えていたのは、北部九州の沿岸地帯から筑紫平野にかけての一帯だった。理由は簡単なことで、朝鮮半島との交易によって、最先端の技術と文物を取り込めたからだった。朝鮮半島との間には、壱岐《いき》、対馬《つしま》と、おあつらえ向きの「止まり木」が用意されていて、船の往《ゆ》き来《き》が繰り返されたのである。

当然、北部九州の諸勢力は、鉄器を大量に入手し、他地域を圧倒していた。その富と権力を維持するために、彼らはひとつの「策」を思いついたようなのだ。それが、「ヤマトにだけは、鉄をやらない」という発想である。

ひとたびヤマトが強大になれば、北部九州は太刀打ちできなくなることを、北部九州の首長層は、本能的に分かっていたのではなかったか。

そして、蛇口の口を締めるように、ヤマトに鉄を回さない方法があったから、北部九州勢力は「鉄器の寡占《かせん》」を企てたのであろう。すなわち、ここで関門海峡の「幅」が、大きな意味を持ってくるわけである。

■鉄の流通を止めた北部九州

弥生時代後期の青銅器文化圏は、西日本をほぼ四つに分割していた。北部九州、ヤマト、そして、出雲と吉備である。

問題は、北部九州が中国地方の西方（現在の山口県付近）をも勢力圏に入れていたことである。

これは瑣末《さまつ》なことに見えるが、じつは重大な意味が隠されている。というのも、関門海峡の両岸を、北部九州勢力が押さえていたことがはっきりとするからだ。つまり、西日本の大動脈になる瀬戸内海と朝鮮半島を結ぶ通り道の関所に当たる関門海峡を、北部九州勢力が握っていたのである。

もちろん、ここに北部九州の戦略的な意図を感じずにはいられない。関門海峡を握っていれば、北部九州は西日本の覇者でいられる。そしてこの海峡を死守するためには、中国地方西部の陸地を支配しておく必要があったわけである。

関門海峡がもう少し広ければ、船舶の交通を制限することは不可能だっただろう。だが、川のような海峡であり、両側に「見張り台」となる高台があったから、関所の役割を果たし得た。

人間、「武器」を持つと、使いたくなってくるし、強くなった気分になるのだろう。北部九州は、鉄の武具を大量に保持すると、関門海峡を封鎖し、ヤマトに鉄器を流さないと、決めたようである。

くどいようだが、関門海峡がもう少し広ければ、北部九州はヤマトに鉄が流入することを前提に、策を練っただろう。おそらく、ヤマトに意地悪をすることなく、むしろ、どんどん鉄を流し、「商い」に徹したのではなかったか。長い目で見れば、北部九州は共存の道を選ぶべきであった。

だが北部九州は、強攻策に出た。もちろん、関門海峡の幅に惑わされたわけである。ただし、北部九州は単独でヤマトいじめを始めたわけではない。関門海峡を締めたところで、出雲や日本海側から、ヤマトにこっそりと鉄器が持ち込まれる恐れがある。だから、出雲を引きずり込んだと考えられる。出雲に鉄器を流すことを約束する一方で、「ヤマトだけには鉄を回さない」という条件を付けたのだろう。さらに、出雲とサヌカイトの交易でつながりを持っていた吉備にも、鉄を回したようだ。

北部九州のこの弱腰は、

「出雲と吉備が共謀して関門海峡を挟み撃ちにして制海権を奪おうと動けば一大事」

という、計算があったからかもしれない。

また、瀬戸内海では、すでに弥生時代後期の段階で、「日本で最初の製鉄」が行われていた可能性がある。広島県三原市の小丸《こまる》遺跡（弥生時代後期）から、小規模ながら製鉄炉の痕跡が見つかったためで、そうなると、関門海峡を封鎖されても、日本海側から鉄鉱石《こんせき》が入ってくれば、少なくとも瀬戸内海では製鉄が行われる可能性があったわけだ。だから北部九州は、出雲と吉備だけには鉄を回す、と決めたのではなかったか。

こうして北部九州は、ひとまずヤマトの強大化を防ぐことができた。実際、弥生時代後期のヤマトは、深刻な鉄器不足に陥っていたようで、首長の埋葬に関しても、他地域と比べれば、断トツの貧弱さである。

こうしてヤマトは、見事に干上がったのである。

■神功皇后の九州征伐と忌宮

関門海峡を鳥の目線で眺めるには、いくつか方法がある。

手っ取り早いのは、下関の駅から徒歩数分の海峡ゆめタワー（下関タワー）に登ることだ。旧国鉄貨物ヤード跡地に、「なぜこんなものが必要なのか」と思えるほどの塔がそびえている。タワーの高さは地上一五三メートル、展望室は一四三メートルで、たしかに圧巻である。

もっとも、タワーからはガラス越しだから、臨場感がない。門司港に渡って門司港レトロ展望室（高さ一〇三メートル）もあるが、やはり関門海峡は、下関の火の山（標高二六八メートル）から肉眼で見るに限る。

門司港からふたたび渡し船で唐戸に戻り、港のそばにあるカウンターの一膳飯屋《いちぜんめしや》で季節はずれのフグどんぶりとフグの唐揚げをちょうだいし、そそくさと長府駅行きのバスに乗り込んだ。いよいよ、忌宮神社に向かう。長年、訪れたくてしかたなかった場所だ。

忌宮神社は旧長門国の二の宮で、一の宮は住吉神社（下関市一の宮住吉）で、ここに住吉大神の荒魂が祀られている。新幹線の新下関の駅にほど近い。

忌宮（穴門豊浦宮）に注目するのは、神功皇后伝説に彩《いろど》られているからだ。『日本書紀』には、次のようにある。

忌宮に拠点を造る発端は、熊襲（隼人）の反乱だった。仲哀天皇二年三月、一報を受けた仲哀天皇は瀬戸内海を西に向かった。神功皇后は角鹿《つぬが》（敦賀《つるが》）から日本海づたいに穴門を目指す。神功皇后は七月に豊浦津で夫と合流する。このとき神功皇后は、海中から、潮の満ち引きを自在に操る如意珠《にょいのたま》を手に入れた。九月には、穴門に宮を建て、これを穴門豊浦宮と呼んだ。

穴門から筑紫（北部九州）に行幸《ぎょうこう》を始めるまで、すこし時間がかかる。それは、六年後の仲哀八年のことだった。この間、何をしていたかというと、考えられることはふたつある。

ひとつは、関門海峡の制海権を獲得するための戦闘をしていた可能性。そしてこれにかかわりがあると思うが、関門海峡の戦いを優位に進めるために、まず大分県の日田の盆地を攻め落としていた可能性である。

この推理が何を意味しているのかについては、あとで詳述する。いずれにせよ、仲哀天皇と神功皇后の北部九州征討は、これまで「創作」と決めつけられてきたが、この「六年の空白」には、大きな意味が隠されていて、この説話の背後に、大きな歴史が埋もれていたように思えてならないのである。

もちろん、仲哀天皇と神功皇后のコンビが、すべてを成し遂げたわけではなかっただろう。しかし六年という空白を用意することで九州征伐の経過を暗示しているように思えてならないのである。

それはともかく、『日本書紀』の記述を追っていこう。ただし、このあたりのいきさつは、九州編の第一章で述べているので、あらすじだけを追っておく。

仲哀八年正月、仲哀天皇と神功天皇は、筑紫を目指す。すると北部九州の沿岸地帯の首長たちが、こぞって恭順の意を示してきたという。そのため、一行は難なく儺《なが》県《あがた》の橿日宮（香椎宮）に入ることができた。

秋九月、橿日宮で軍議が開かれる。占いをしてみると、神は天皇に、「熊襲を相手にせず、海の向こうの新羅を討て」と神託を下した。ところが仲哀天皇はこの神の言葉を信じず、熊襲征討に向かってしまい、敗れ去った。

仲哀天皇九年二月、天皇はにわかに寝込み、翌日亡《な》くなる。『日本書紀』には、仲哀天皇は神の言葉を信じなかったから亡くなられたとも、補注があって、熊襲の放った矢に当たって亡くなられたとも、二つの可能性を示している。

仲哀天皇の崩御は、極秘扱いされた。『日本書紀』には、武内宿禰が、天皇の喪を秘匿したと記録する。神功皇后は、「もし人々が天皇の死を知ったら、規律に油断が生じる」という理由をつけている。先ほど話した香椎宮の棺掛椎は、この時の話だ。

武内宿禰は、密《ひそ》かに天皇の遺骸を橿日宮から運び出し、穴門に移し、豊浦宮であかりを灯さずに殯《もがり》を行った。この年、神功皇后らは新羅征討に向かったので、天皇の葬儀はできなかったと『日本書紀』は記録している。

神功皇后摂政元年、神功皇后らは凱旋《がいせん》すると穴門豊浦津に舞い戻り、仲哀天皇の遺骸を船に収めて、都に向かった。紆余曲折を経て仲哀天皇が河内国《かわちのくに》の長野陵《ながののみささぎ》(大阪府藤井寺《ふじいでら》市藤井寺)に葬《ほうむ》られたのは、神功皇后摂政二年のことである。

やはり、仲哀天皇の死とその後は、不気味な謎に満ちている。

■忌宮の戦略的意味

城下町長府の中心部のやや高台に、忌宮神社はたたずむ。

ちなみに、長府という地名は、長門国《ながとのくに》の国府の所在地であったことからつけられた。その国府推定地のすぐ脇に、忌宮神社が鎮座する。

国府のすぐそばに忌宮があるのは偶然ではあるまい。忌宮は今では海岸線から奥まったところに位置するが、古くはすぐ近くまで、波が押し寄せていたという。この地は『日本書紀』に言うところの「豊浦の津」に比定されていて、交通の便のよい場所だったはずだ。そしてもちろん、関門海峡を奪取するための足がかりになったのであり、また、関門海峡を手に入れたのちは、関門海峡を監視し管理する宮でもあったろう。

忌宮神社は、関門海峡を見守る要衝である。やはり、航空写真でこの宮の置かれた地形を見つめやると、北部九州勢力にとって、「じつにいやなところに宮を造っている」のである。

なぜそのようなことが言えるのか、簡単に説明しておこう。

まず、忌宮の地に神功皇后らが拠点を造った目的は何だろう。

『日本書紀』の記述に従えば、九州の熊襲が背いたからと言うが、仲哀天皇二年六月に仲哀天皇が豊浦津に到着し、それから六年後の正月に、この地を離れ北部九州の沿岸地帯に向かうのだから、忌宮の場所で、北部九州侵攻の準備をしていたと考えられる。もっと具体的に言えば、関門海峡の制海権を獲得するために、六年かかったということだろう。

インターネットを活用される方は、ここで関門海峡の航空写真を御覧になって欲しい。忌宮神社は、じつに戦略的な場所であったことがはっきりとする。

まず、仲哀天皇が瀬戸内海から、そして神功皇后が日本海側から西に向かい、豊浦津で合流したと『日本書紀』は言う。これは、当初関門海峡が北部九州側の支配下に入っていて、海峡の両側から挟み撃ちにする作戦であったことを暗示している。神功皇后は、綾羅木《あやらぎ》に上陸し、川を遡上《そじょう》し、あるいは徒歩で反対側の豊浦津に回り込んだのだろう。

豊浦津は、ヤマトから瀬戸内海を西に向かい、北部九州勢力の軍勢が待ちかまえる関門海峡の手前の、最後の足がかりだった。関門大橋（関門橋）の架かるあたりが、海峡で最も狭い場所なのだが、その両岸は、本州側が火の山で、九州側が古城山《こじょうさん》（標高一七五・二メートル）になっていて、北部九州側が関門海峡を管理、支配するには、二つの山に陣を配置し、門司港あたりに船団を配備すればよい。

これに対抗するためのヤマト側の陣が、忌宮である。背後に小高い丘、すぐ目の前に瀬戸内海の波が打ち寄せ、しかも関門海峡の入口に当たる。ここに足がかりを造った神功皇后らは、火の山を攻略し、古城山に対峙《たいじ》する作戦をとっただろう。

忌宮の立地は、あらゆる点で、合理的なのだ。海峡を東側から攻め寄せることは当然のことだが、綾羅木方面から軍をすすめ、東西から海峡を挟み込むこともできる好条件を備えていた。

ちなみに、古城山は、中世には城が築かれ「門司城」が設けられていた。明治時代に至っても砲台が置かれ、太平洋戦争に至るまで、軍の支配下にあった。やはり、戦略上のポイントは、古代も現代も、大きく変化はしないもののようだ。

さらに余談ながら、一五六一年（永禄四年）には、関門海峡の制海権を巡って、大《おお》友《とも》氏と毛利《もうり》氏の死闘が演じられ、門司城の奪い合いが起きている。幕末の高杉晋作《たかすぎしんさく》も、関門海峡をはさんで戦いに挑み、門司城を獲得している。

このことからもはっきりとするように、関門海峡の制海権を確立するには、どうしても古城山を制圧する必要があった。そこから逆算したポイントが、忌宮だったのである。

■忌宮から見えてくるヤマトの戦略

忌宮（穴門豊浦宮）の立地が、じつに理にかなっていたことがはっきりした。すでに触れたように、福岡市の香椎宮も同様であった。これまで神功皇后説話は、「まったくでたらめ」というレッテルが貼《は》られてきたが、この決めつけは、考え直す必要がある。作り話にしては、宮の場所があまりに合理的だからである。

忌宮や香椎宮だけではない。神功皇后の足跡をたどっていくと、どこもかしこも「軍略のポイントを押さえている」から恐れ入ってしまうのだ。

たとえば、『日本書紀』には、次のような話も出てくる。すなわち、香椎宮をあとにした神功皇后は、太宰府《だざいふ》市付近から南下し、甘木《あまぎ》（朝倉市）にたむろする賊を討ったという。そして甘木から、一気にみやま市（山門県《やまとのあがた》）の土蜘蛛《つちぐも》を成敗したとあるが、甘木は南側に向かってなだらかな扇状地になっていて、背後に丘陵地帯を抱え、山門県を攻めるためのベースキャンプとして最適である。

『日本書紀』の記事だけではない。このあと触れるように、神功皇后や武内宿禰の伝承が残る地も、やはり、軍事や流通の要衝であることが少なくないのだ。これは偶然ではなく、ヤマトの誰かが、北部九州を支配下におくために、ポイントポイントを押さえていったこと、それが伝承や説話になったと考えられるのである。

ここで改めて指摘しておきたいのは、仲哀天皇と神功皇后が忌宮で六年過ごしていたという『日本書紀』の記事である。

これまで通説は、この年月に、ほとんど注目してこなかった。理由は簡単なことで、神功皇后はお伽話なのだから、何年忌宮にいたことになっていようと、何の意味もない、ということだろう。しかし、「地理から見た宮の意味」に気づき始めると、この「長逗留《ながとうりゅう》」に無関心ではいられないのである。

ここでふたたび、歴史を俯瞰《ふかん》してみよう。

神功皇后は、第十四代仲哀天皇の正妃である。実在したヤマト建国の大王《おおきみ》は第十代崇《す》神《じん》天皇とされているから、神功皇后は、もし実在したとしても、四世紀後半から末の人間だろうと考えられている。

だが私見は、『日本書紀』が神功皇后の時代に「魏《ぎ》志《し》倭《わ》人伝《じんでん》」の邪馬《やま》台国《たいこく》の記事を引用していることと、『日本書紀』がヤマト建国の初代王を、三人に分解して語っているという推理から、神功皇后の北部九州遠征は、ヤマトによる邪馬台国潰《つぶ》しとしてきた。

根拠は、いくつかある。まず、神功皇后が「トヨ」の名のつく海の女神と多くの接点を持っていること、そして、神功皇后が、邪馬台国北部九州説の最有力候補地・山門の女首長を殺していることである。

このため、「ヤマトのトヨによる山門（邪馬台国）のヒミコ殺し」を疑っているのだ。

■鉄を組み込むと見えてくる関門海峡を巡る争い

これに「鉄器」という要素を組み込むと、次のようになる。

弥生時代をリードした北部九州は、ヤマトに鉄器が集まれば、地位が逆転するであろうと踏んでいた。財力では勝っても、軍事力で太刀打ちできなくなるからだ。兵力や武器の差という点では負けなくとも、ヤマトは西側からの攻撃に強く、北部九州はといえば、東側からの攻撃に弱いという地勢上の欠点を抱えていたのだ。

このため、北部九州は、関門海峡を封鎖し、鉄器の流通に制限を加えた。

やがて、三世紀初頭、鉄器欠乏症にあえいでいたヤマトに、変化が起きる。ヤマトには回さないことを前提として鉄器を流すという北部九州との密約を守り続けた出雲と吉備が、ヤマトに新たな都を作り始めたのである。そして彼らは、北部九州を裏切る形で、関門海峡を奪い取ろうとし始めたのだろう。これが、神功皇后と仲哀天皇の穴門豊浦宮（忌宮）駐屯という説話になったと考えられるのである。

関門海峡は北部九州の生命線であり、防禦《ぼうぎょ》も堅かっただろう。新興勢力のヤマトが力を合わせて攻略に乗り出しても、にらみ合いは長引いたのかもしれない。

ただし、ヤマトには「次の一手」があった。それは、硬直した関門海峡戦線とは別に、現在の大分県の山深く、軍勢を進めることだった。それが「日田攻略作戦」である。

「日田」を押さえれば、北部九州の沿岸地帯の首長層は、背後の憂《うれ》いを抱え震え上がる。そうなれば、関門海峡を守っても意味が無くなる。だから、もしヤマトが関門海峡攻略に難儀していたとしたら、先に日田に手をつけた可能性が出てくる。

日田の盆地を支配するためにはここしかないという場所に政治と宗教の環濠《かんごう》集落＝小迫辻原《おざこつじばる》遺跡があって、ここが三世紀の纏向遺跡とほぼ同じような発展の仕方をしている。時期が重なるだけではない。出土した土器が、ヤマトや山陰のもので、明らかに、ヤマト側がこの地を押さえていたことが分かる。

穴門豊浦宮から西に向かった仲哀天皇と神功皇后の軍勢に、北部九州沿岸地帯の首長層が、競うかのように恭順してきたのは、日田陥落という事実を想定しなければ、理解できない。

もちろん、関門海峡奪取も、「日田が先」であった可能性を秘めている。穴門豊浦宮の空白の六年は、まさに、ヤマトが日田と関門海峡を攻略するために費やした年月の説話化と見て、間違いあるまい。

■古びた長府の街並み

長府の町は、唐古の港からはバスで十五分、下関の駅からだと二十分ほどだろうか。

下関の市街から長府に抜ける間、右手に海峡が、そして左手には、丘陵地帯が迫っている。

レンタサイクルで走り回る人も、けっこう見かけた。その手もあったが、門司港に渡りたかったのと、火の山に登るつもりだったので、バスの周遊パスポートを選んだ。自転車で山登りは、ちょっとしんどい。一日で下関周辺を見て回ろうと思っていたし、その翌日、本格的に自転車に乗らなければならなかったので、体力温存である。

ただし、あとで気づいたのだが、門司へは自転車でも渡れたのだ。関門海峡には人が歩いて渡れるためのトンネルが掘られていたのだった。通行料は、歩行者は無料、自転車は二〇円、乗車はダメで押して歩く。みもすそ川公園の駐車場のわきに、エレベーターがあって、けっこう観光客が、ここから九州との間を往復している。

いずれにせよ、土地勘と距離感のない場所は、往生するものだ。それに、地方によっては、バスといっても、一日何本か、という場所もあるから、時刻表が気になって仕方がない。だが、幸い、下関から長府に抜けるバスは、頻繁に出ていた。

それはともかく、七世紀来、交通の要衝長府は繁栄を誇ってきたが、近世に至っても、長府毛利氏が、城を構えていた。古代から近世にかけて、この地域の中核都市だったわけである。

観光で下関を訪れても、つい見落としがちな長府だが、古い街並みが残り、こじゃれた飲食店も多い。

すでに触れたように、忌宮神社のすぐ隣に、国府の跡地が、さらに国分寺《こくぶんじ》跡も、それほど離れていない場所に残っている。

今でこそ国道九号線の先に海岸線があるが、かつては忌宮神社のすぐ近くまで入江が迫っていたという。その入江付近に、神社の鳥居が建ち、社殿が正面に見える。忌宮神社は海を意識した社《やしろ》である。

忌宮神社からみてちょうど沖合に、干珠《かんじゅ》と満珠《まんじゅ》という小さな二つの島が浮かんでいる。これが飛び地境内ということで、原生林が残り、国の天然記念物に指定されている。『日本書紀』には、神功皇后が豊浦津で、潮の満ち引きを自在に操る「如意珠（潮満瓊《しおみつたま》・潮涸瓊《しおひるたま》）」を得たとあるが、その故事にちなむのだろう。

忌宮神社は、どこの町にもある神社となんら変わるところがない。だがそれは表向きのことで、調べれば調べるほど、奥の深さに魅了される。

たとえば、忌宮神社には数方庭《すほうていさい》祭という奇祭がある。毎年八月七日から十三日にかけて、境内ほぼ中央の鬼石のまわりで行われる。

かつては「矛《ほこ》」や「薙刀《なぎなた》」を振りかざして鬼石のまわりで舞いが演じられていたが、

江戸時代になると、物騒でいけないということで、男性は長い竹竿《たけざお》の幟《のぼり》を担《かつ》ぎ、女性は切籠《きりこ》（笹飾《ささかざ》り）を捧《ささ》げ持つようになったという。

鬼石の長径は八五センチ。短径が五〇センチの平たい石で、周囲を六角形（亀甲《きっこう》紋《もん》）に石が敷かれている。一見して、どこにでもある石で、「礎石」のようにも見える。ただし、この石の正体、「墓標」らしい。

時は仲哀天皇七年。朝鮮半島の新羅国の塵輪《じんりん》なる人物が九州の熊襲らを扇動して、豊浦宮に攻め寄せたという。塵輪の顔は鬼で、そのまわりに小さな七つの鬼の顔を持っていたという。塵輪は黒雲に乗り、矢を射かけてきた。仲哀天皇の軍勢は大いに苦しんだが、天皇自ら矢をつがえ、塵輪を射落とした。賊軍はこうして退き、皇軍は大いに喜び、首を槍《やり》に刺し掲げて乱舞したとも、また、矛や旗を振って、塵輪の屍《しかばね》のまわりを舞い狂ったともいう。そして、切り落とされた塵輪の首を埋め、その地を石で覆《おお》ったのが、鬼石だというのである。

また一説では、神功皇后の三韓征伐《さんかんせいばつ》の出陣時と凱旋時に、鬼石のまわりで舞いが献上されたことが起源とも言われている。

いずれにせよ、この地が激しい戦争の記憶を留めていることは、注目して良い。しかも、仲哀天皇が北部九州に移動する前年に「西側から攻められた」という伝承が残されているところに、数方庭祭の生々しさが隠されているように思う。

■忌宮をくまなく探索してみた

境内の詳しい案内図を宮司《ぐうじ》さんにいただき、見ていると、ラフな姿の二人組の男性が覗《のぞ》き込んできた。歳の頃は、私よりも少し上だろうか。

「ヨウサンの石碑はどこにありますか？」

「ようさん？」

突然のことで、「ようさん」の意味に戸惑った。

「おカイコの……」

とおっしゃったので、ようやく「養蚕」の二文字が浮かんだ。

案内図をしばらく探して、ようやく見つけた。境内の裏手の長府図書館の前に位置する。

三人で歩いていったが、なるほど、注意していないと見つからないはずで、細い路地を奥に進まねばならない。大きな石碑が姿を現した。

「蚕種渡来之地」

とあり、仲哀天皇の時代、中国の秦《しん》の始皇帝の十一世の孫が来朝帰化した際に、豊浦宮の仲哀天皇を訪ね、カイコの卵を献上したといい、これが日本における養蚕の始まりであったというのである。

ところでお二人は、横浜と名古屋から来られたそうで、聞けば、下関からフェリーに乗って、韓国の釜山《プサン》、慶州《けいしゅう》に行った帰りだとのこと。博多から釜山行きのフェリーが出ていることは知っていたが、下関は初耳だった。

東京に帰ってきてからインターネットで調べると、下関港発釜山行きのフェリーは、毎日出ていた（関釜《かんぷ》フェリー）。十九時発（当時の時刻）で、翌朝の八時半に釜山に到着する。料金は、片道九千円から一万八千円程度だった。今は少し値上がりしている。一度は試してみたい航路である。

ご両人、しきりに慶州の景観のすばらしさを褒められる。また、歴史の造詣《ぞうけい》が深く、研究熱心な方々で、忌宮をくまなく探索されている風であった。

しばらくご一緒して忌宮神社の隅々を探検したのだが、境内の宮《みや》の内茶寮《うちさりょう》で食事をされるというので、お別れである。

ちなみに宮の内茶寮は、長府松原の毛利藩家老屋敷跡の楽楽庵の別館で、昼定食が一五〇〇円。ふく会席が五〇〇〇円からだそうな。昼食、ここでとればよかったと後悔するも、あとの祭りである。下関は、また来るだろうから、その時を楽しみにしよう。

もっとも、長府の街全体があか抜けていて、洒脱《しゃだつ》な店が多く、目移りがして困ってしまう。関東の人間にはあまり馴染《なじ》みがないが、観光地として長府は、一度は訪ねてみたい場所である。

さて、忌宮神社の宮司さんに教わったのだが、神社からやや離れた場所に土肥山《どいやま》があって、ここに仲哀天皇の殯《もがり》（密かに火を焚《た》かずに行われたので、无火殯斂《ほなしあがり》という）が行われた場所（殯斂《ひんれん》の地）が残されているという。日頼寺《にちらいじ》の山門を右手に入ったところにあるというので、歩いて行ってみた。

古い街並みがつづき、ちょうど良い散歩道だった。

お寺の脇を登っていくと、人も訪ねないのだろう。蜘蛛の巣が張っていて、棒っきれを持っていかないと、前に進めない。スズメバチが飛んでいて、危なっかしくて仕方がない。

どんどん登っていくと、薄暗い場所に柵《さく》がしてあって、その奥に石の階段が続いている。石標には「仲哀天皇御殯斂地《ごひんれんち》」と素っ気なく書かれているだけで、予想に反して殺風景なものだった。仲哀天皇は、本当に実在したのだろうかと、つい勘ぐってしまう。

それよりも何よりも、スズメバチに刺される前に退散である。

■壇《だん》ノ浦《うら》の紙芝居

次の目的地は火の山で、ここから関門海峡を眺めてみたかった。かつてはロープウェイが山頂まで運航していたのだが、現在は運休している。それで、山頂へは、歩いて登るか、自動車、バスのどれかの手段を選択しなければならない。

時間があれば歩いて登りたいのだが、なにせ、スケジュールはきちきちで、バスに乗らざるを得ない。

御裳川《みもすそがわ》の停留所でバスを降り、時刻表を覗き込む。

見事に一時間に一本の運航。

数分前に行ってしまったあとで、だいぶ時間がある。

いっそのこと、歩いて登ろうかと思案したが、一度「楽な道」を選択してしまうと、どうしても決断が鈍る。

目の前は、ちょうど関門海峡のもっとも狭い場所・早鞆《はやとも》の瀬戸で、海に面したスペースが、ちょっとした公園になっている。幕末の長州藩の砲台と大砲を復原してある。それに、源義経《みなもとのよしつね》と平知盛《たいらのとももり》のブロンズ像が、飾られている。知盛が碇《いかり》を背負って、今にも海に飛び込もうかという場面である。

そう、ここは平家滅亡の壇ノ浦の戦い（一一八五）の舞台となったのである。彦島《ひこしま》に陣取った平家の軍勢は、潮の流れを利用して、義経の軍を一気に追い込んだ。戦場は、遥《はる》か東方、長府の満珠、干珠の二つの島のあたりまで、移っていた。

そもそも平家は海の戦いに精通していたのであり、陸上戦を得意としていた源氏に負けるとは思っていなかっただろう。ところが潮の流れが変わり、形勢は逆転、壇ノ浦の海峡の最も狭いこのあたりで、安徳《あんとく》天皇と平氏一門は滅亡して果てたのである。

ちなみに、この地が御裳川と呼ばれているのは、二位尼《にいのあま》（平清盛《きよもり》の妻・平時子《ときこ》）の辞世の歌、

「今ぞ知る　みもすそ川の　御ながれ　波の下にも　みやこありとは」

から採られたものである。

ふと、人だかりの方に目をやると、壇ノ浦の合戦絵巻を紙芝居でやっている。紙芝居をされていたのはボランティアの矢野美保さんで、その熱演ぶりに、つい引き込まれた。

真夏のような日差しが照りつける中、みな最後まで、紙芝居に見入っていた。

そうこうしているうちに、バスの時間が迫ってきた。国道を渡って反対側のバス停で待っていると、火の山行きのバスがやってきた。乗客は、制服姿の地元の女子高生がひとり。ほとんどの観光客は、自家用車で山に登っているようだ。

終点に着くと、バスの運転手さんが、

「次のバス、一時間後ですから、気をつけてください」

と、忠告してくださった。

(このバスはすぐ出ちゃうわけ?)

バスを降りてから時刻表を見たら、まさに、タッチアンドゴーで、バスは行ってしまう。

「誰がこんなダイヤを組んだ!!」

と怒っても、もう遅い。

火の山の景色は抜群によいが、一時間もここにいたら、脳みそが溶解してしまうにきまっている。

ひととおり景色を堪能《たんのう》して、写真を撮り終えたら、歩いて山を下った。約三十分で、御裳川のバス停だ。

下関行きのバスに乗り、途中朱塗りが鮮やかな赤間《あかま》神宮に立ち寄った。

■下関とワカメの意外なつながり

赤間神宮はド派手な神社だ。これでもか、という風に、赤々とした朱色を、塗りたくっている。むしろ、南太平洋の孤島の、椰子《やし》の木が生い茂る景色の方が、似合うのではないかと思うほど、夕日に照らされ、ほてっていた。

だが、この神社には、悲しい歴史がつまっている。なにしろ、壇ノ浦で源義経の軍勢に敗れ、幼くして亡くなられた安徳天皇を祀《まつ》る神社だからだ。

海側に面して、まるで竜宮城《りゅうぐうじょう》のような派手な朱色の「水天門」が、臆面《おくめん》もなく屹立《きつりつ》しているが、この門は「竜宮造り」と呼ばれていて、なぜ異国情緒の神社が建立《こんりゅう》されたのかというと、これには理由がある。というのも、幼い安徳天皇を抱いた二位尼は、「海底にも都はあるのですよ」と諭し、水中に没した。だから、安徳天皇を、「竜宮城」で祀っているわけである。

悲劇的な最期《さいご》と鮮やかな赤間神宮のコントラストが際立《きわだ》って、じつに痛々しい話ではないか。

けれども、ここで不謹慎なことに、源平合戦《げんぺいがっせん》を忘れ、頭は古代に飛んでしまった。ふと「赤間」の二文字で、あることを思いだしてしまったのである。

それは、「物部《もののべ》」のことである。

じつを言うと、関門海峡は古くは「赤間関」と呼ばれていた。そして、「赤間」を名に持つ豪族が、この一帯を支配していた。

『先代旧事本紀《せんだいくじほんぎ》』によれば、古代最大の豪族・物部氏とかかわりを持つ赤間物部氏《あかまのもののべ》は、筑前国宗像《むなかた》郡赤間と長門国豊浦郡赤間に分布していたらしい。

この「赤間」、じつは「ワカメ（アカメ）」がなまったのではないかとする説がある。古くはワカメは神聖な海藻と考えられていたようで、そういえば、関門海峡の門司側には、海岸ぞいの関門橋のすぐ下に、和布刈《めかり》神社（早鞆明神）が祀られていて、この神社もワカメと強い因果を持つ。

和布刈神社の祭神は比売大神《ひめおおかみ》、日子穂々出見命《ひこほほでみのみこと》、鵜草葺不合命《うがやふきあえずのみこと》、豊玉比売命《とよたまひめのみこと》、安曇《あずみの》磯良神《いそらのかみ》と、神話に登場する錚々《そうそう》たる顔ぶれが並んでいく。創祀は、神功皇后が新羅《しらぎ》征討の帰り道、戦勝を神に感謝したのが始まりだという。交通の要衝に位置するところから、歴代の将軍や権力者、豪族たちの崇拝を集めてきた。

和布刈神社では、毎年旧暦の元日に、和布刈神事《めかりのしんじ》が執り行われる。身を清めた神官が海に入り、鎌《かま》で和布《にきめ》（ワカメ）を刈り取ってくるのである。和布刈神社では、この神事の起源を、神功皇后の時代に求めている。安曇磯良が海底に潜り、潮干珠・潮満珠を神功皇后に授けたことがきっかけだったというのである。

神事でとれたワカメは、奈良時代に朝廷に献上されていたといい、また、対岸の住吉神社でも、同様の神事が行われていたとされている。住吉神社の伝承によれば、この神事は、神功皇后の命令で始まったといい、元旦の供え物にワカメが用いられるようになったのだという。

なぜワカメが重視されたのか、真意はつかめない。けれども、ひとつ思い浮かんだのは、壇ノ浦で入水して果てた平家の女人たちのことだ。その光景は、沈み行く黒髪や着衣が、波にたなびき、まるで海藻のように見えたのではあるまいか。つまり、ワカメは祟《たた》る女人のシンボルと考えられたのではなかったか。

そう考える理由はもうひとつあって、すでに九州編で語ったように、神功皇后はヤマトに裏切られ、南部九州に逃れたのではないかと指摘しておいたが、じつはこの話には後日譚《ごじつたん》があって、神功皇后は入水《じゅすい》して果てたのではないかと疑っている。この話はいつか書く予定の北陸編で詳しく述べるつもりだが、「水に沈んで死んだ女人」の伝説が、「海中の黒髪＝ワカメ」の祭祀《さいし》につながったのではないかと、密かに考えている。

そしてもうひとつの問題は、いつのころからかは分からぬが、北部九州と下関周辺という、関門海峡の両側を、「物部」系の豪族たちが、支配していたことである。その証拠のひとつが、「赤間物部」であり、「赤間の神事＝ワカメの神事＝和布刈神事」が、この地に残されたということだろう。

この、物部と関門海峡のつながりは、瀬戸内海と物部のつながりでもあることは、これから徐々に述べていく。

瀬戸内海の覇者＝物部だからこそ、関門海峡を必要とし、この地を支配したに違いないのである。

関門海峡、じつに奥が深い。

それに、下関がこんなにわくわくする街だということは、まったく知らなかった。

また、行ってみたい。

まだまだ見てみたい場所がいっぱいある。

第二章

ヤマト建国と吉備の活躍

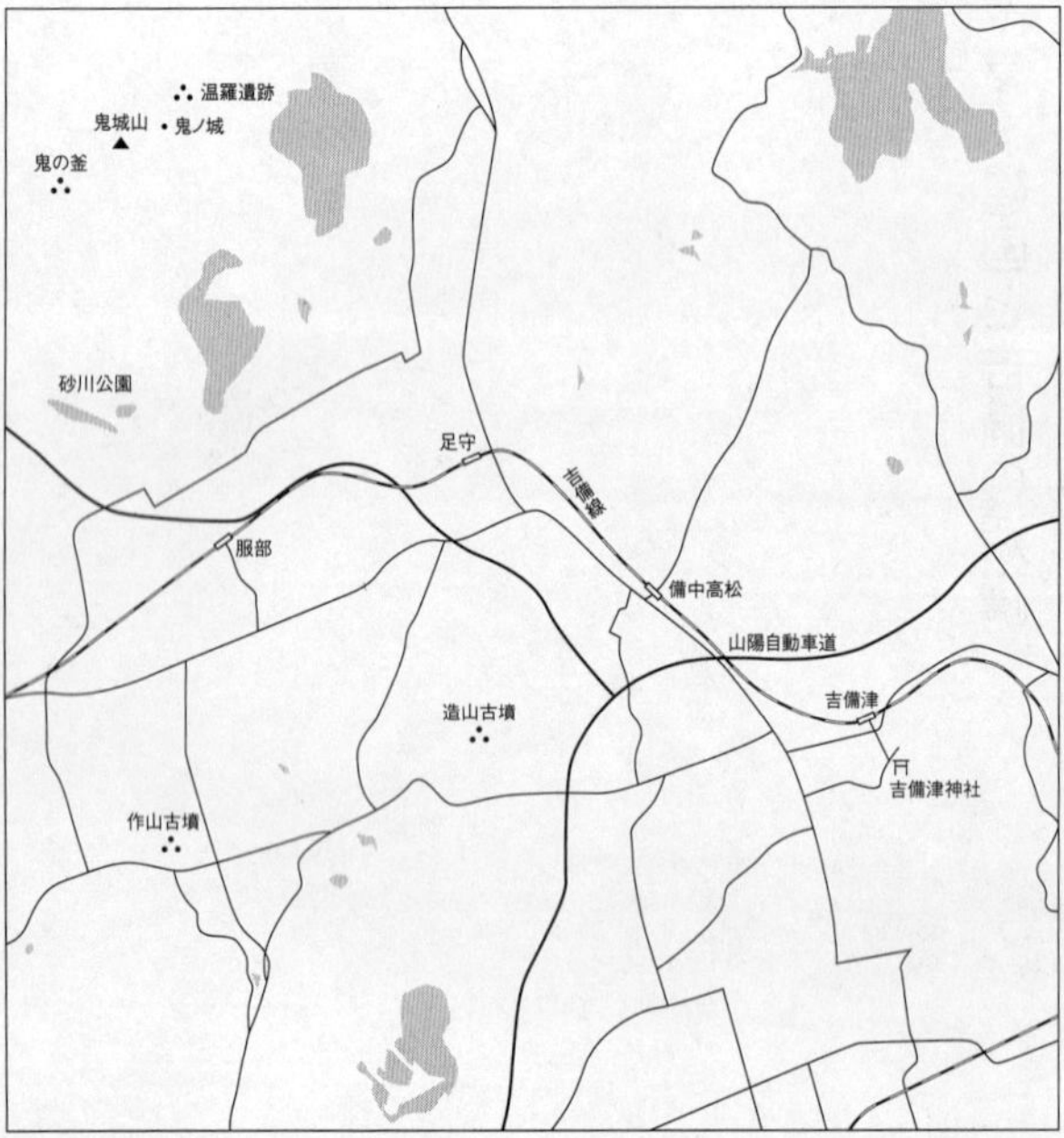
温羅遺跡
鬼城山
鬼ノ城
鬼の釜
砂川公園
足守
吉備線
服部
備中高松
山陽自動車道
吉備津
吉備津神社
造山古墳
作山古墳

岡山県総社市

■吉備《きび》の空は天邪鬼《あまのじゃく》

吉備の空は天邪鬼だ。

吉備に行くたびに、降られる。

一度目は、岡山空港からレンタカーを借りて、岡山市→鳥取市→豊岡市《とよおか》→丹後半島→総社市《そうじゃ》→倉敷市《くらしき》→岡山空港という取材旅行の、行きと帰りに立ち寄った。二回とも土砂降りで、往生した記憶がある。

二度目の吉備も、やはりどんよりと曇り、今にも降り出しそうだった。そして、鬼《き》ノ城《じょう》（岡山県総社市奥坂。鬼城山山城《きのじょうざんさんじょう》）に行こうと考え始めると、かならず雲行きが怪しくなる。

日頃の行いが悪いから、鬼どもの機嫌を損ねたとでもいうのだろうか。

それでも、鬼ノ城へは、何回も行きたくなる。なにしろ、展望が素晴らしい。駐車場に車を止めて、五分ほど歩くと、正面に見えてくるのが、復原された西門だ。先が、やや下り勾配《こうばい》になっていて、石畳がむき出しになっている。そこから歩みを進めると、い。

いきなり目の前の展望が開ける。

福岡県久留米《くるめ》市の高良山《こうらさん》の展望も素晴らしいが、鬼ノ城のそれは、勝るとも劣らない。

なにしろ、吉備の平野が、一望のもとだ。遠く瀬戸内海まで見渡せる。しかも古代の吉備の海岸線は、かなり手前まで迫っていたから、かつては大海原がキラキラ光って見えたにちがいない。

事実、吉備津彦命《きびつひこのみこと》を祀る吉備津神社の南側に延びるゆるやかな坂の回廊のすぐ下まで、海岸線が届いていたという話である。

吉備津神社は、「海から直接参拝できる神社」だったわけである。

考えてみれば、「吉備津神社」の「津」は「港」を意味するのだから、当然と言えば当然のことだったのだ。

吉備津彦命とは『日本書紀』に従えば、第七代孝霊《こうれい》天皇の子で、本来の名は五十狭《いさ》芹彦命《せりひこのみこと》という。『古事記』にも、第七代孝霊天皇の子とある。いずれにせよ、崇神《すじん》天皇の時代、四道将軍《しどうしょうぐん》のひとりとして西道《にしのみち》（山陽道）に遣わされた人物で、吉備津彦命の弟の稚武彦命《わかたけひこのみこと》が、吉備氏の祖ということになる。

ところで、吉備津神社には吉備津彦命の鬼（温羅《うら》）退治の伝説が残るが、鬼にまつわる鬼ノ城が、天空から見られるという話を聞いたことがある。近くの岡山空港に飛行機で行けば、なのだが……。

岡山空港は岡山市街から三十分ほど車で内陸に入ったところにある。内陸といっても、かなりの急勾配を登っていく感じで、山の中の空港と言っても過言ではない。これだけの山並みに囲まれた空港はそうめったやたらにあるものではないだろう。

風向きによって異なるが、岡山空港に着陸する直前、左手に鬼ノ城の石垣が見えるという「噂《うわさ》」があって、帰りに岡山空港の航空会社の受付で職員に尋ねてみた。方々電話してくれ、パイロットにまで聞いてくれたらしい。ようやくわかったようで、恐縮したように、「見えません」と教えてくださった。あとで地図で調べると、ほぼ、空港の滑走路の延長線上に、鬼ノ城が位置している。離陸してすぐに旋回するか、着陸前に、ぎりぎりで旋回すれば見えるのだろうか。

岡山空港を離陸したとき、目を凝らしていたが、職員のおっしゃるとおり、確認できなかった。

あの噂はなんだったのだろう。それとも、たまに、見えることがあるのだろうか。だいたい、パイロットは、離陸直後、着陸直後がもっとも緊張する瞬間だから、真横の景色などほとんど見ていないだろう。それならば、見落としていることもありうる。

■その大きさに圧倒される鬼ノ城

吉備の歴史に触れる前に、鬼ノ城の話をもう少ししておきたい。

鬼ノ城は吉備高原の南のへりにあり、総社平野が一望のもとだ。かつては眼下に波打ち際《ぎわ》がくっきりと見えたと考えられている。古墳時代の海岸線は、今よりもだいぶ手前に入り込んでいたからだ。今見えている平野部のほとんどが、海の底だった。だから、ぽこぽこと突き出ている小高い丘は、かつては「多島海」を形作る島嶼《とうしょ》だったわけである。

鬼城山そのものの標高は四百メートルほどで、山の八合目〜九合目の一周二・八キロを列石が囲む、巨大な朝鮮式山城だった。

列石の上には、幅七メートル、高さ（推定）六メートルの版築土塁《はんちくどるい》が築かれ、要所要所に、石垣の城壁を用意した。また、土塁や石垣を維持するために必要な排水施設（水門）が六ケ所に築かれている。

広さは三十ヘクタール。東西南北それぞれに、城門を備えている。東京ドーム六・四個分ということになるが、一周してみると、「もっと大きいのではないか」と思わせるほど、巨大な城跡である。

西門は復原工事が進んでいて、訪ねるたびに姿を変えている。現在、古代の版築工法（人海戦術で地面を踏み固める工法）を駆使した城壁も復原され、古代人の技術力の高さと城の規模に、圧倒されるのである。

ちょうど、山頂付近が高原状になっていて、長野県の美ヶ原《うつくしはら》を少し小さくしてそのまわりに防衛のための石垣や土塁が築かれていると考えると分かりやすい。

ちなみに、吉備の山城といえば、鬼ノ城だけではなく、二十三キロほど東側に、大廻《おおめぐ》り小廻《こめぐ》りが存在するのだが、鬼ノ城が名高いのは、のちに触れる鬼伝説（温羅）が、残されているからだろう。桃太郎の鬼退治の元の話である。

ではこの巨大な城をいったいいつ、誰が築いたのかというと、発掘調査によって、七世紀後半の代物《しろもの》と、ほぼ年代が確定している。見つかった須恵器甕《すえきかめ》が、七世紀後半から八世紀後半にかけての代物で、そのなかでも、七世紀末から八世紀初頭にかけてのものが多い。そこで、鬼ノ城は、白村江《はくそんこう》の戦《たたかい》（六六三）に敗れた中大兄皇子《なかのおおえのみこ》（天智《てんじ》天皇）が、西日本各地に築いた山城のなかのひとつではないかとする説がある。もちろん、防衛上の要地として、それ以前から城として活用されていた可能性は残されている。

■ややこしい鬼ノ城への道のり

はじめて岡山空港からレンタカーで鬼ノ城を目指したときは、ずいぶんと迷った。カーナビに「鬼ノ城」そのもののデータがない。やむなく、「鬼ノ城ゴルフ倶楽部《クラブ》」を指示し、近くまで行って地元の人に道を尋ねようと考えた。けれども、カーナビの誘導する道は、裏道で、まったく人が歩いていない。気のきいた喫茶店など、あろうはずもない。さんざん迷った挙げ句、ようやく「鬼ノ城方面」の道路標識に巡り合い、たどり着いた次第。

もし、カーナビ頼りに鬼ノ城に行かれるなら、砂川《すながわ》公園を指定すると良いかもしれない。公園まで行けば、あとは一本道の道なりなので、ここまでこられれば、迷うことはない。最新のカーナビなら、鬼ノ城駐車場のわきにできた「総社市鬼城山ビジターセンター」の電話番号がインプットされているかもしれない（TEL〇八六六―九九―八五六六。ちなみに所在地は、以下の通り。郵便番号七一九―一一〇五　総社市黒尾《くろお》一一〇一―二）。徒歩で行かれるとなると、JR吉備線服部《はっとり》駅から一時間ほどのコースとなる。これはこれで、楽しそうなハイキングコースなのだが……。

ちなみに、鬼ノ城の駐車場に車を止めて、少し登ったところが山頂に近く、標高三九五メートル。ここから南側のコースが、展望がきき、総社平野を一望のもとに見渡すことができる。東のへりに向かって下り坂が続き、百メートルほどの標高差がある。また、鬼ノ城の手前五〇〇メートルほどの場所には、「鬼の釜《かま》」なる鉄の釜があって（直径一・八メートル、深さ一メートル）、鬼（このあと触れる温羅）が、生贄《いけにえ》をゆでた釜と言い伝えられている（鎌倉時代の僧・重源《ちょうげん》が、人びとに提供した湯釜ではないかとも言われているが）。

また、鬼の住処《すみか》が鬼ノ城から北北西に三キロほどの場所にある。鬼ノ城を右手に見ながら、そのまま車で行ける。奇岩、巨岩が目白押しで、いかにも鬼伝説の地に相応《ふさわ》しい観光地だが、平安時代末期に山岳仏教の聖地として名を馳《は》せた岩屋寺の境内である。盛時には三十八坊あったというから、大勢の僧侶《そうりょ》（むしろ修験者《しゅげんじゃ》に近かったのだろう）が修行していた場所である。

■鬼ノ城と桃太郎伝説

鬼ノ城は「鬼の城」であり、当然鬼伝説を残す。しかも、吉備の古代史に深く根ざした伝承であった。

平安時代になると、『梁塵秘抄《りょうじんひしょう》』の中で、「吉備津宮（現在の吉備津神社）の鬼門《きもん》を守る恐ろしい鬼神《きしん》」の物語が登場している。吉備津神社が鬼と深くかかわっていた証拠だが、これも、鬼ノ城や吉備津神社の深い歴史の闇《やみ》とかかわりのあることだろう。また、江戸時代には、桃太郎伝説に発展した。いわば、鬼ノ城は桃太郎の鬼退治の「現場」なのである。

ここで少し、桃太郎の話もしておこう。

多くの名高い昔話の起源は意外に古く、室町時代の『御伽草子《おとぎぞうし》』や、平安時代、奈良時代にまでさかのぼることができる。では、桃太郎はどうかというと、「昔話の中の昔話」と思われがちだが、これが意外に新しい。江戸時代中期から後期にかけて話の骨格が誕生していたのである。

ただ、いくら新しい話と言っても「昔話」の基層には、太古の民族の記憶が眠っているという柳田國男《やなぎたくにお》の指摘がある。

具体的に、桃太郎伝説のどこに「太古の記憶」が隠されているのかと言えば、まず、「桃太郎は小さい」「桃太郎は流されてくる」というところだ。

桃太郎は、「桃から生まれた小さな子」であり、しかも「川を流れてきた」わけで、

「小さな子が水から生まれる」という話は、日本のみならず、世界中で語られる、昔話の共通のモチーフなのだ。そこで柳田は、桃太郎の話には、人類開闢《かいびゃく》以来の記憶が眠っている、と指摘したのである。

また、「小さな子が水に捨てられる」という話も、至るところに見られる。たとえば一寸法師《いっすんぼうし》を挙げることができる。

住吉大神《すみよしのおおかみ》の申し子「一寸法師」は、いつまでたっても成長しないので、父母は、

「こいつは化け物か何か、そういう類《たぐい》に違いない」

と恐れ、一寸法師を捨てようとしたのだ。これを知った一寸法師が、

「捨てられるぐらいなら、こちらが捨ててやる」

と、淀川《よどがわ》にお椀《わん》の舟を漕《こ》ぎだしたのが、話のきっかけだった。

また、神話の世界にも、子がうつぼ舟に乗せられ、海に捨てられるという話がある。これが太陽神・蛭子《ひるこ》（えびす）で、桃太郎伝説の原型も、ここにある。

さらに、桃太郎伝説が古代史とかかわりを持っていた疑いは、いくつかある。

まず第一に、ヤマト建国の故地である三輪山《みわやま》（奈良県桜井市《さくらいし》）を舞台にした、桃太郎とそっくりな話が残されている。

ヤマトの地で洪水があり、初瀬川《はつせがわ》が溢《あふ》れたとき、三輪山の大神神社《おおみわじんじゃ》の前に、大きな

甕が流れ着いたといい、開けてみると、中に玉のような男の子が入っていたという。のちにこの子は小舟に乗って、播磨《はりま》（兵庫県）に向かったというのである。

甕と桃の違い、播磨と吉備の差はあるが、桃太郎伝説とニアミスをしている。ただし、桃太郎もどきの出身地がヤマトの聖地三輪であったところは興味深い。

次に、本物の桃太郎伝説の舞台が「吉備」であったところに、大きな意味があるように思われる。

桃太郎といえば、「腰に着けたキビ団子」であり、ここにある「キビ」は、穀物の「黍《きび》」なのだが、「吉備（美作《みまさか》・備前《びぜん》・備中《びっちゅう》・備後《びんご》、現在の岡山県と広島県東部）」の意味も隠されている。鬼退治の舞台が、まさに、吉備だったのである。

桃太郎の従者が「雉《きじ》（鳥）」「猿」「犬」だったのは、鬼（北東）の逆の方位を表しているとされている。また、「犬」は、本家本元の吉備の桃太郎伝説の原型にも登場している。その「犬」の末裔《まつえい》が、五・一五事件で殺された犬養毅《いぬかいつよし》だったという話も有名だ。

そこで以下、桃太郎伝説のモデルになった人物に登場していただこう。

■吉備津彦命の温羅退治

鬼ノ城からほぼ十キロほど南東側に先述の吉備津神社があって、この神社や周辺に、吉備津彦命の鬼（温羅）退治伝説が残されている。

吉備津彦命と吉備のつながりは、この人物が四道将軍のひとりとして西道に遣わされたことに端を発していたようだ。けれどもこれから徐々に述べていくように、両者は、不思議なつながりを持っている。たとえばそれが、吉備津彦命の姉・倭迹迹《やまととと》日百《ひもも》襲姫命《そひめのみこと》なのである。

倭迹迹日百襲姫命が三輪山の大物主神《おおものぬしのかみ》の妻になったこと、大物主神の正体を見てしまったという話が『日本書紀』に出てくる。このとき倭迹迹日百襲姫命は驚き、すべってホト（女陰）を箸《はし》で突いて死んでしまった。そして、この女人は、箸墓《はしはか》（箸中山《はしなかやま》古墳）に葬《ほうむ》られたと『日本書紀』に記されているのだが、後にふたたび触れるように、箸中山古墳は、ヤマトと吉備を結ぶ架け橋なのである。

そこでしばらく、吉備津彦命の温羅《うら》退治の話を追ってみよう。

なぜ吉備津彦命が、吉備に赴くことになったのかというと、それは「鬼退治のため」だったと、吉備では言い伝えられている。

第十一代垂仁《すいにん》天皇の時代とも、あるいは第十代崇神天皇の時代ともいい、定かなことは分からない。いずれにせよ、ヤマト建国のすぐあとのことになりそうだ。

吉備に鬼神が飛んできた。百済《くだら》王子で、名は温羅といい、別名を吉備冠者《きびのかじゃ》ともいう。

身なりが異常で、目が猛獣のように輝き、鬚《ひげ》と髪の毛は燃えるように赤く、背丈は一丈四尺で、馬鹿力《ばかぢから》で凶暴だった。備中国の新山に居城を、岩屋山に城を築き、瀬戸内海を往来する船を襲撃しては、荷や婦女を掠奪《りゃくだつ》したという。

人びとは恐れおののき、温羅の居城を「鬼ノ城」と呼ぶようになったという。また、都に惨状が訴えられたため、朝廷は兵を差し向けたが、温羅は手強《てごわ》く、倒すことはできなかった。そこで、五十狭芹彦命が差し向けられた。これがいわゆる吉備津彦命(またの名は大吉備津日子命《おおきびつひこのみこと》。以下吉備津彦命で通す)で、兵を率いて吉備の中山(吉備津神社、吉備津彦神社の背後の神体山)に陣を張り、西方の片岡山に石の楯《たて》を築いた。ちなみに、この片岡山は、前方後円墳《ぜんぽうこうえんふん》の原型となったとされる、楯築《たてつき》弥生墳丘墓(倉敷市の楯築神社でもある)を指している。

こうして軍備を整えた吉備津彦命だったが、温羅は強敵だった。吉備津彦命が射かけた矢は、すべて温羅の放った矢と嚙《か》み合って海中に落とされた。これが矢喰宮《やぐいのみや》(岡山市北区高塚）で、その時の矢が祀《まつ》られている。

そこで吉備津彦命は、二本の矢を弓につがえて放つと、一本の矢が温羅の左目を射抜いた。血潮が流れ、血吸川《ちすいがわ》となった。温羅は雉《きじ》に変じて飛び去ると、吉備津彦命は鷹《たか》になってあとを追った。すると温羅は鯉《こい》になって血吸川に逃げた。そこで吉備津彦命は、鵜《う》となって鯉をくわえた。この地が鯉喰《こいくい》神社（倉敷市矢部《やべ》）になった。

こうして温羅は、吉備津彦命に降伏した。そして、みずからの「吉備冠者」の名を、吉備津彦命に献上し、このときから、吉備津彦命の名が生まれた。

吉備津彦命は温羅の首をはね、串《くし》に刺して晒《さら》し者にした。首村《こうべむら》（現在の岡山市北区首部《こうべ》）にその遺跡がある。

死んだはずの温羅だったが、首は何年も唸《うな》り続けた。そこで吉備津彦命は犬飼武《いぬかいたける》に命じ、犬に首を喰わせた。しかし、髑髏《しゃれこうべ》になってもうなり声は止まないので、吉備津彦命は吉備津宮の釜殿《かまでん》のカマドの下に埋めた。それでも十三年の間、温羅は唸り、周辺に響き渡った。

そうこうしているうちに、ある晩、温羅が夢枕《ゆめまくら》に立って、次のように告げた。

「私の妻、阿曾郷《あそのさと》の祝《はふり》の娘の阿曾媛《あそひめ》に釜殿の御饌《みけ》を炊《た》かせなさい。もし、世に変事があり、幸あれば豊かにカマドは鳴り、禍があるなら、荒々しく鳴るだろう」

これが、吉備津神社の御釜殿の鳴釜神事《なるかましんじ》のおこりだという。

この吉備の伝承が、江戸時代にいたり、桃太郎伝説にすり替わっていったと考えられる。

■いよいよ吉備の謎《なぞ》に分け入る

なぜ吉備に、濃密な鬼伝承が残されたのだろう。

じつを言うと、吉備の謎は、鬼伝承よりも不可解なのだ。鬼伝承が誕生した背景には、「謎に満ちた吉備の古代史」が横たわっていたように思えてならないのである。

このあと徐々に触れていくように、三世紀のヤマト建国には、吉備を中心とする瀬戸内海勢力が中心的役割を果たしていた。それにもかかわらず、『日本書紀』は、その実態を、闇に葬ってしまったのである。

そして、五世紀後半には、栄光の吉備の繁栄は、突然終焉《しゅうえん》するのである。しかも、まるで温羅が吉備津彦命に成敗されたように、ヤマトの圧迫を受け、埋没していった疑いが強いのだ。

つまり、このような吉備の歴史が抹殺《まっさつ》されたからこそ、独特な鬼伝承が編み出されたのではあるまいか……。

さて、考古学の発展によって吉備の古代が次第に明らかになってみると、古代史に占めた吉備の重要性が、はっきりとしてきた。その一方で、『日本書紀』や『古事記』の「吉備」の扱い方が、奇妙なことも、分かってきたのだ。つまり、古代史に占める吉備の大きさと歴史記述が、比例しないのである。

この、『日本書紀』や『古事記』の奇怪な態度そのものが、鬼伝承よりもひっかかってくるのである。

もっとも分かりやすい例は、「ヤマト建国に吉備が果たした役割」であろう。

これまでの『古代史謎解き紀行』でさんざん述べてきたように、ヤマト建国の推進役は「吉備」であった。ところが『日本書紀』は、ヤマト建国の歴史の中で、「吉備出身の人物」を登場させず、また「吉備出身の豪族が、いったい誰なのか」を、まったく歴史に留めなかった。それどころか、常に吉備は、「ヤマトに征服される者」として描かれているのである。

だから、考古学がいくら「吉備は重要」と指摘しても、なかなか世間は、「吉備の大切さ」に気づかないでいるのである。

その「吉備の大切さ」は、『日本書紀』がばっさり歴史から消し去ってしまったことからも、かえって明らかなことなのである。『日本書紀』は、歴史に占める吉備の割合が大きすぎたがゆえに、本当のことを書けなかったのだろう。

では、考古学的にみて吉備がどのように重要なのだろう。

吉備がヤマト建国に重要な役割を果たしていたと考えられるようになったのは、纒《まき》向《むく》遺跡の発掘が大きな意味を持っていた。

前方後円墳が纒向で誕生し、これが四世紀には日本各地に伝播《でんぱ》していった。このことからして、前方後円墳はヤマト建国のシンボルと考えていいが、その前方後円墳の原型を造ったのが、弥生《やよい》時代後期の吉備であった可能性が高くなってきたのである。

なぜこのようなことが言えるのかというと、前方後円墳の前方部がまず吉備で発達したこと、さらに、前方後円墳の上で行う祭祀《さいし》形態と「道具立て」も、吉備から持ち込まれた新たな埋葬文化をそのまま受け継いでいる疑いが強いからなのである。

かつてはほとんど注目されなかった吉備が、なぜ前方後円墳の成立にかかわりを持っていたのだろう。そしてこの事実が、本当に吉備の見直しを迫るものなのだろうか。

そこでまずは、そもそもヤマト建国のシンボルである「前方後円墳」とは何かについて、考えておきたい。

■前方後円墳とは何か

前方後円墳とはいったい何だったのか、その議論は明治時代以降続けられてきた。明治時代に来日したイギリス人のウィリアム・ガウランドは、「円墳は埋葬のために、方形部分では、祭祀容器の破片が見つかるので、儀式が行われていたのではないか」とする説を唱えている。のちに、梅原末治《うめはらすえじ》も、「前方部祭壇附加説」を唱えたが、その科学的な証明は、なかなかむずかしかった。

大正時代には、メインの円墳に、従者の墓（陪塚《ばいちょう》）を方形にしてつけたのではないかとする説が提出されたが、なぜ陪塚が方形でなければならないのか、その理由がはっきりとしなかった。

戦後になると、小林行雄《こばやしゆきお》氏らによって、「前方部祭壇説」が唱えられ、有力視されるようになる。儀式場、祭壇に用いるための広場を、後円部よりも一段低い位置に設置しようとして、前方部は造られたといい、当初は、「自然の丘」を円墳状にするため、てっぺんを平らに成形し、さらに、儀式場のための平坦《へいたん》な土地をその脇《わき》に造ったのが、前方部の成り立ちだったと考えたわけである。

この考えは、大いにもてはやされたが、発掘調査が進むにつれ、疑問視されるようになっていった。弥生時代の墳丘墓が数多く発見されてみると、すでにこの時代、「前方部もどき」の突出した部分が、見つかっていく。しかも、一方向、二方向、四方向に突出した部分がくっついている、多様な「前方部もどき」が発見されたのである。

もっとも有名な「前方部もどきの例」は、吉備にある。

それが、閑静な住宅街に囲まれた、楯築《たてつき》弥生墳丘墓（岡山県倉敷市矢部）で、弥生時代の墳丘墓としては、最大級の規模を誇る。古墳時代に突入する直前の二世紀の終わりごろ（弥生時代後期後葉）に造られた墳丘墓である。

もともとここは、丘（片岡山）の上の神社だった。楯築神社がそれで、神社そのものは、大正時代に鯉喰神社と合祀《ごうし》され、姿を消していた。団地開発のために発掘が進められ、弥生時代末期の「双方《そうほう》中円式墳丘墓」であることが分かったのだ。

楯築弥生墳丘墓の概要は以下の通り。

まず、円形の墳丘の真ん中に遺体が葬られていた。三・五メートル×一・五メートルの木槨《もっかく》の中に、二メートル×〇・七メートルの木棺《もっかん》を埋め、棺の中には大量の朱

（三〇キログラム以上）が敷かれていた。副葬品に鏡はなかったが、鉄剣やヒスイの勾玉《まがたま》、碧玉《へきぎょく》の管玉《くだたま》、ガラスの小玉が埋納されていた。

平面上の円墳の南北に、方形の「前方部もどき」が存在し（約二二メートル）、円丘部が四〇メートルだから、全長八〇メートルほどの巨大な墳丘墓だったことが分かっている。楯築弥生墳丘墓は、弥生墳丘墓と前方後円墳の橋渡し役をするかのような墳丘墓だったのだ。この墳丘墓を発掘調査した近藤義郎《こんどうよしろう》氏は、これを「失われた環（ミッシング・リンク）」と呼んでいる（『前方後円墳と吉備・大和』吉備人出版）。

この墳丘墓の特徴は、これだけではなかった。まず、中央部に立石《たていし》が「屹立《きつりつ》」していること、さらに、周囲にも花崗岩《かこうがん》の列石や大小さまざまな石がいくつもあって、聖域を囲っていたのである。

もっともこの遺跡、両側の「前方部もどき」の一部は破壊され、水道タンクになってしまった。余談ながら興味深いのは、御神体《ごしんたい》の弧帯石《こたいいし》（亀石）の存在で、その文様は吉備で発生する特殊器台形土器《とくしゅきだいがたどき》に描かれる帯状の弧とそっくりで精巧な文様が描かれているのである（ちなみに、もうひとつ小型の弧帯石が発見されている）。それはちょうど木棺の上に、意図的に砕かれて破片にして埋められていた）。吉備地方においてさえも、このような石を伴う遺跡は、今のところ見つかっていないから、この遺跡の特殊性がはっきりとする。

それはともかく、吉備津彦命の温羅退治の伝説のなかで、鯉喰神社の話が出てきたが、この神社も、じつは弥生墳丘墓の上に建っていて、しかも、円墳の西側に、長さ二〇メートルの突出部が付随していた。

■なぜ前方後円墳の前方部は造られたのか

それでは楯築弥生墳丘墓の余計な突出部は、なんのために用意されたのだろう。その答えは、出雲を中心に日本海側に広まった四隅突出型墳丘墓《よすみとっしゅつがたふんきゅうぼ》が握っているらしい。

四隅突出型墳丘墓は、弥生時代前期から造られていた方形周溝墓《ほうけいしゅうこうぼ》や方形墳丘墓の四隅に三味線のばちのような出っ張りを付け足した、奇妙な形をした墳丘墓だ。斜面に貼石《はりいし》を貼り巡らしていることが特徴で、出雲から北陸地方、さらには東北南部にまで、伝播していった。

四隅突出型墳丘墓は弥生時代中期後葉に中国山地（正確に言うと、広島県東北部で、しかも「備後の北部」で、いちおう吉備の範疇《はんちゅう》に入る）に誕生し、その後出雲で盛行し、また大型化している。

もっとも有名なのは、西谷《にしたに》三号墳（島根県出雲市）で、高さは四・五メートル、四〇×三〇メートルの方墳に、突出部が合わさっている。また、吉備でつくられた特殊器台・特殊壺《とくしゅつぼ》という大型土器が、首長埋葬の祭祀に用いられていたことでも知られている。ちなみに出雲の西谷三号墳と吉備の楯築弥生墳丘墓の造営時期は、ほぼ同時である。

そして、出雲に完成していた四隅突出型墳丘墓が楯築弥生墳丘墓の方形部に影響を与えた可能性がある。さらに、吉備の中心部に「楯築以前」の大型の墳丘墓が見あたらないこと、突然吉備に、特殊器台、特殊壺が出現していることも、大きな謎を呼んでいる。

吉備の急速な成長と、巨大な墳丘墓、巨大な土器、首長祭祀という埋葬形態の出現、さらには出雲の首長層との（一時的で短期間かもしれないが）交流は、果たして何を物語っているのだろう。

それはともかく、四隅突出型墳丘墓、楯築弥生墳丘墓や前方後円墳の突出部は、何を目的に生まれたのだろう。埋葬場所に行くための通路、「墓道」ではないかというのが、今日的な解釈である。

前述の近藤義郎氏は、実際に前方後円墳に登るのは大変な作業であることを指摘している。この経験から、前方後円墳の突出部の造られた意味について、興味深い推理を働かせている。

まず前方後円墳は、見た目以上に勾配が急だ。今のように樹木や草が生えているのならまだしも、完成当時は一面に葺石《ふきいし》が敷かれ、「ほとんどの前方後円墳の斜面勾配」を登るのは、「困難」「至難」、あるいは「不可能」というレベルの難度だというのである。

ただ、一ヶ所だけ、子供でも老人でも登れる場所が見つかったという。それが、前方部の「隅角《ぐうかく》」である。後円部から見て、ちょうど最も遠い場所にあたる。前方後円墳の前方部から見ると、ちょうど左右のへりに位置する。しかも興味深いことに、その傾斜角度は、弥生墳丘墓の突出部とよく似ているのだという。

この事実を受けて近藤氏は、前方後円墳は弥生墳丘墓から「創造的飛躍」によって誕生したと指摘し、その飛躍の内訳を、次のようにまとめている。

(1) 弥生墳丘墓に見ることのない大規模さ
(2) 禁忌《きんき》を念じた斜面の急勾配
(3) 前方後円形として定まった形態

（4）後円部に前方部を結び付ける隆起斜道の付設

さらにその上で、前方後円墳全体が禁忌性に彩《いろど》られ、急勾配に造られたが、隅角だけは、緩やかに造られたと結論づけたのである（前掲書）。

現場を地道に歩き回っている考古学者の、体で見つけた真実であり、頭の下がる思いだ。こういう事実の積み重ねを、われわれは大切にしなければなるまい。

つまり前方後円墳とは、「一般人」の立ち入りを困難なものにする一方で、限られた人だけが円墳の前で祭祀を執り行うことが許された。だから、前方後円墳は、特別な場所ということになろうか。そして、少なくとも、前方部の前身は、「通路」であったということになる。

■非常識な大きさの特殊器台形土器

では、吉備の弥生墳丘墓は、なぜ前方後円墳に発展したのだろう。

それよりも、まずここではっきりさせておきたいのは、吉備に生まれた特殊器台形土器と、特殊壺形土器のことである。

二つはセットで、特殊器台形土器は特殊壺形土器を乗せるための「置き台」と考えると分かりやすい。特殊器台形土器のうえに、食物を盛った特殊壺形土器が乗せられるわけである。置き台は優に一メートルを超えていて、だからそれに比例して、特殊壺形土器も、尋常な大きさではない。実物（あるいはレプリカでもいい）を一度目《ま》の当たりにすれば、唖然《あぜん》とするほど、非常識な大きさである。

普通の器台や壺ならば、弥生時代中期以降の他の地域（西日本各地や東海、北陸）にも存在した。器台形の土器は、まず北部九州に出現した。集落の祭りに、神への感謝の意を込めて、これらの壺に、酒や米を盛り、ささげ、また、祀る者が神とともに飲食した。このような、神々とともに食事をすることを「相嘗《あいなめ》」という。山陰では、鼓形器台《つづみがたきだい》や壺を用いて、祭祀を執り行っていたようだ。

二世紀になると、畿内ではこのような器台形土器は衰退し、かたや吉備、中でものちに備中と呼ばれる地域では、二世紀の後期後葉、逆に進化を遂げる。

楯築弥生墳丘墓で、それまでの常識を打ち破る、巨大で華麗な壺や器台が出現したのだ。しかも、それまでは祭りで使われていたと考えられる器台形土器の使用場所が、「墓」に限定されていった。これが、特殊器台形土器と特殊壺形土器である。

その後、吉備には二十以上の墳丘墓が造営され、そこでも特殊器台や特殊壺が用いられ、首長埋葬の儀礼に使われたと考えられる。分布も、備中から備前、備後と広がりを見せていった。

各地の「相嘗」の祭祀が下火になっていく中、吉備では、それまでの「自然神」を祀る信仰形態から、首長を神格化し、首長霊《しゅちょうれい》を祀るための祭祀形態が確立されていく。そのための道具が、特殊器台形土器と特殊壺形土器だったことになる。

特殊壺形土器は、大形で厚手、口縁部は二重口縁、首の部分は長く、上の方でやや細くすぼんでいる。

特殊器台形土器の特徴は、大型であること、筒型で上下に大きな口が開いていること、上から下まで横に平行な文様帯が六～一〇条ほどあって、文様が彫り込まれ、その間には、平行な筋の入った無文帯が交互に走り、丹《たん》が塗られていることである。

特殊器台形土器は次々と、時間の経過とともに様式が変化し、簡略化、硬直化、形式化、象徴的な形象化が進んでいき、最後には「埴輪《はにわ》」になっていくのだが、形式は順番に、立坂《たちさか》型→向木見《むこうぎみ》型→宮山《みややま》型と変化し、このあと埴輪になる（都月《とつき》型円筒《がたえんとう》埴輪と壺形埴輪）。

■前方後円墳とヤマト建国のつながり

問題は、宮山型特殊器台が、吉備だけではなく、ヤマトでも使用されるようになったことだ。それが、天理市の西殿塚《にしとのづか》古墳や桜井市の纒向遺跡の箸中山古墳、通称「箸墓」だった。ちなみに箸中山古墳は、卑弥呼《ひみこ》の墓ではないかと一時騒がれ、『日本書紀』の中では倭迹迹日百襲姫命の墓とある。

この事実が波紋を広げたのは、箸中山古墳の出現こそ、古墳時代の始まりを意味していたからであり、「吉備」がヤマト建国に大いにかかわりを持っていた可能性がでてきたからだ。前方後円墳の構成要素のひとつが「吉備」であり、ヤマト建国の中心に、吉備が立っていた可能性も高くなったわけである。

ただ、そうはいっても、吉備の埋葬文化がそのまま前方後円墳に移行したわけではない。日本中を探しても、前方後円墳の直接の原型を見出《みいだ》すことはできないのである。前方後円墳を構成する要素をすべて併せ持っていた弥生時代の埋葬文化は、どこにもないのである。

そこで考えられることは、ふたつある。

ひとつは、ヤマト建国は、海の外の強大な勢力がヤマトに押しかけ、征服し、前方後円墳という新たな埋葬文化を強制的に根付かせようとしたことだ。

もうひとつは、吉備を中心とした各地の首長層がヤマトに集まり、それぞれの埋葬文化を持ち寄り、組み合わせ熟成させることで、一気に前方後円墳文化を花開かせたということである。

どちらの推理が真実に近いのだろう。かつての江上波夫《えがみなみお》氏の騎馬民族征服王朝説が流行していた時代なら、「ヤマトは渡来人に征服された」と、決めつけられていただろう。だが、騎馬民族や大陸、半島の人びとが前方後円墳という埋葬文化を日本に持ち来たり、先住民に押しつけたとは考えられない。なぜなら、世界中どこを探しても、ヤマトの纒向遺跡以前に、前方後円墳を造っていた地域はないからである。

そうなると、われわれはもうひとつの推理を採らざるを得ない。つまり、ヤマトの前方後円墳は、西日本各地の埋葬文化をヤマトに集め、組み立て直し、斬新なスタイルを構築するに至ったということである。

しかも、その塑型《そけい》となったのは、なんと言っても吉備の埋葬文化だったということになる。

近藤義郎氏の言葉を借りれば、弥生時代の同族ごとのまとまり、垣根を取り払うためには、「異なったものを同じとみせかける」ための装置が必要だったのであり、その装置によって、そう信じようとする新しい埋葬祭式を創《つく》りだした、ということになろうか。

ただし、「その強烈な表現としての各地独自な首長埋葬祭祀をやめあるいは薄め、その上に統一的な新しい型式の埋葬祭祀を行なうことを要請あるいは強要」したと指摘している（前掲書）。

まさにそのとおりであろう。ここに、ヤマトは建国されたのである。

■神話によって抹殺されたヤマト建国

考古学は、前方後円墳と特殊器台形土器、そして弥生墳丘墓という物証を駆使して、ヤマト建国のあらすじを構築した。そして、吉備が歴史に占める重要性を、世に知らしめたわけである。

そして、たしかに吉備主導でヤマト建国は成し遂げられただろうけれども、纒向には、東海や北陸、出雲からいっせいに土器が集まっていて、それらの地域も、ヤマト建国の功労者であり、また出雲が、独自の動きをして北部九州に強い影響力を示していたのではないかというのが、これまでの『古代史謎解き紀行』シリーズ三巻で述べてきた推理である。

そうなってくると、ここでひとつの疑問にぶつかる。それは、『日本書紀』の不審な態度である。

『日本書紀』は、ヤマト建国の直前に、神話を用意していた。それが、神話の三分の一を占める出雲神話とその後の説話である。

まず、高天原《たかまのはら》の天《あま》つ神《かみ》たちが、出雲から国を奪い取り、南部九州の地に舞い降り（天孫降臨《てんそんこうりん》）、さらにその末裔の神日本磐余彦《かむやまといわれびこ》（神武《じんむ》天皇）が東征して、ヤマトは建国されたのだとする。

かつて、出雲などどこにもなかったというのが史学界の常識だったから、神話そのものが絵空事と考えられ、蚊帳《かや》の外に置かれたままだったのだ。ところが、出雲から大量の青銅器が出土し、さらには青谷上寺地《あおやかみじち》遺跡や妻木晩田《むきばんだ》遺跡の発見、四隅突出型墳丘墓の研究が進むにつれ、「出雲（山陰地方）」は確かにそこにあったことがはっきりとしてきた。それどころか、「出雲」がヤマト建国に大きな働きをしていたことも分かってきたのである。

そうなると、『日本書紀』はヤマト建国の歴史を「出雲神話」という形で、歴史に留めていたことになる。ここで持ち上がる第一の問題は、つぎのことだ。すなわち『日本書紀』編者は、歴史を知らなかったから、「分からない部分は、神話にして誤魔化そう」と考えたのか、あるいは、ヤマト建国の歴史を熟知していたからこそ、「真相を誤魔化すために、大切な場面を神話にしてしまおう」という着想で神話を描いたのか、どちらなのか、ということである。

このあたりの事情は、このシリーズの出雲編でさんざん書いてきたので、結論だけ言ってしまうと、「『日本書紀』は歴史を熟知していたからこそ、真相を抹殺した」のであり、ヤマト建国の真実を、闇に葬ってしまったのである。まさか、千数百年後に、地面の下を掘って、歴史を解明しようなどという茶人たちが出現しようなどとは、思ってもいなかっただろうから、『日本書紀』の編者の完全犯罪は、つい最近まで、見破られることはなかったのである。

■なぜ吉備はヤマト建国の歴史に登場しないのか

だが、ヤマト建国の黎明期《れいめいき》、纒向遺跡に「出雲」や「吉備」の先達《せんだつ》たちが活躍していたことがはっきりと分かってきてしまった。そうなると、なぜ『日本書紀』の編者たちは、ヤマト建国の歴史を神話の世界に封印してしまったのか、そしてなぜ彼らは、「ヤマト以前に活躍した人びと」を、「出雲」ただひとつの世界に封印してしまったのか、という謎が生まれてくるのである。

つまり、なぜ「吉備」は、神話の世界にも登場しなかったのか、という謎である。

さらに、もうひとつ不可解なことが出てくる。なぜか吉備土着の勢力の姿がまったくわからないのである。これは他の地域では稀《まれ》なことである。

たとえば「出雲」は神話だけれども、神々の末裔たちは実在する。生身の人間として歴史に登場しているのである。

まず、もっとも有名なのは、「出雲の国譲りの直前、高天原から出雲に派遣されたのに、出雲に同化してしまった神の末裔」で、これが出雲《いずも》国造家《こくそうけ》である。

実在する出雲の亡霊は、それだけではない。出雲の神々の末裔も、存在する。出雲神・大物主神の祀られる大神神社の「三輪氏」は、出雲神の末裔と、『日本書紀』にはっきりと記されている。ヤマトの初代王や二代、三代目の王たちは、出雲神・事代《ことしろ》主神《ぬしのかみ》の娘や縁者を嫁にしている。

ところが、「吉備」には、このような話がどこにもない。ヤマト建国の直前に、天皇家の敵になったとか、味方になったとか、出雲神話のような伝説がなにもないばかりか、ヤマト建国後の「吉備の豪族」が何者で、どういうことをしていたのか、まったくわからないのである。

桃太郎伝説のモデルとなった吉備津彦命にしても、「ヤマトから吉備に下った人物」であり、吉備の人間ではない。

しかし、考古学は、「ヤマト建国の中心に吉備がいた」ことを明確にしているし、このの ち話すように、少なくとも五世紀にいたるまで、「吉備」はヤマトの大王家と同等の力を持っていた可能性が高いのである。

それなら、いったい『日本書紀』は、「実在した吉備」を、なぜ歴史に留めようとしなかったのだろう。そして、「実在した吉備」は、どこに消えてしまったというのだろう。ひょっとして、「吉備」はわれわれの知らないところで、「別の顔」で歴史に登場しているとでもいうのだろうか。

じつをいうと、「吉備」の歴史を探っていくと、邪馬台国やヤマト建国の真相のみならず、五世紀、さらにそれから八世紀に続く、「古代日本と天皇家の歴史そのもの」が、はっきりとした輪郭を持って、われわれの前に姿を現してくるのである。

なぜ弥生時代後期に吉備は勃興《ぼっこう》し、なぜ五世紀後半に吉備は没落したのか……、この謎の中に、古代史のエッセンスが凝縮されていたのである。

「吉備」の歴史が解き明かされれば、ヤマトの古代史に謎はなくなるのであり、卑弥呼から聖徳太子に至る、矛盾のない一本の歴史が、はっきりと見えてくるはずである。逆に言えば、「吉備」に古代史の謎が埋もれていたからこそ、『日本書紀』は、必死になって「吉備などどこにもなかった」としらばっくれていたわけである。

謎に満ちた古代史を解き明かすためにも、まず、ヤマト建国から五世紀にいたる吉備について考えておきたい。

■吉備発展の理由

「実在した吉備」を知るためには、まず、「なぜ弥生時代後期から古墳時代にかけて吉備は栄えたのか」、その理由を明らかにしておく必要がある。

吉備が栄える要素は、いくつかあった。まずなんといってももっとも重要なのは、瀬戸内海に面していたことである。

内海の利点は、天候の影響を受けにくいという点だ。外海が荒れていても、内海は、穏やかな波で済む。出雲などの日本海側は、季節風が吹き荒れる冬季は、ほとんど航海ができなかっただろうが、瀬戸内海は、ほぼ一年を通じて、行き来ができたのである。しかも多島海だから、舟の「止まり木」が至るところにあったし、沿岸を舐《な》めるようにして航海することが可能だった。

そして瀬戸内海のもうひとつの利点は、多島海だったところにある。潮の満ち引きによって、非常に強い推進力を得られるからである。

多島海の海中をのぞいてみると、複雑な地形が広がっていることが分かる。そして、潮の満ち引きによって、広い海域から狭い海域に入ると、水圧が高まって、潮のスピードが上がる。地図で平面的に見ても、「広い海域」が島々によって狭まっていることが分かるが、水中の立体的な凹凸が、さらに圧力を高めるのに役立つ。

たとえば、四国の愛媛《えひめ》県としまなみ海道《かいどう》の大島の間にある来島《くるしま》海峡は、最速十ノットという、猛烈な潮流を発生する。自転車並みのスピードであり、こういう潮流を利用すれば、労力なく、船を進ませることができる。

斉明《さいめい》天皇が百済遠征のために北部九州に向かうとき、同行していた額田王《ぬかたのおおきみ》が、熟《にぎ》田津《たつ》で次のような歌を詠《うた》っている。

熟田津《にきたつ》に船乗《ふなの》りせむと月待《つきま》てば潮《しほ》もかなひぬ今《いま》は漕《こ》ぎ出《い》でな

ここに登場する「熟田津」は、愛媛県松山市の海岸線で、四国の西北のはじっこにあたる。これから船を漕ぎ出し、島づたいに九州に向かおうというとき、月の出るのを待ち、潮の流れが変わるのを待っていることが重要である。沿岸地帯を航海するとき、いかに潮流が大きな力を持っていたか、はっきりと歌に残されていたことになる。

そこで吉備に注目してみると、興味深い事実に気づかされる。それは、瀬戸内海の中央部分に、吉備が位置していることとなのだ。吉備発展の秘密は、まさにここにある。「瀬戸内海の中央にあることだけで、なぜ栄えるのか」と、疑問を持たれるかもしれない。けれども、東西から押し寄せる満ち潮も、東西に引く潮も、吉備のあたりで流れを一度止める。だから吉備のあたりは、潮待ちのポイントになるわけである。鞆《とも》の浦《うら》のあたりが港町として栄えたのは、まさにこの一帯が、船乗りにとっての「峠」のような場所に当たっていたからである。瀬戸内海を制するには、吉備を支配する必要があったわけである。

■吉備の前方後円墳は五世紀に巨大化した

ヤマト建国に吉備が中心的存在として参画していたことは、考古学の示す物証から、明らかである。

ただし、ヤマト建国後今度は、文化が逆流し、吉備がヤマトの潮流を受け入れていく、という経過をたどっていく。吉備にも前方後円墳が導入されているのだ。

吉備最古の前方後円墳は、浦間茶臼山古墳《うらまちゃうすやま》（岡山市東区浦間）と中山茶臼山古墳《なかやまちゃうすやま》（岡山市北区吉備津）で、前者は全長約一四〇メートル、後円部径約八〇メートル、高さ約一四メートル、前方部前面の幅約六〇メートルで、前方部の形が桜井市の箸中山古墳に似ていること、特殊器台埴輪が、都月型で、箸中山古墳と共通なところから、最古級の前方後円墳と判断されている。

中山茶臼山古墳は、吉備津神社の真裏の神体山・吉備中山の山頂に位置する前方後円墳だ。全長約一二〇メートル、後円部径約八〇メートル、後円部の高さ約一二メートル。真偽のほどは確かめようがないが、伝承によれば、この古墳が吉備津彦命《きびつひこのみこと》の墓であるといい、宮内庁の管理下に入っている。

吉備の前方後円墳は、五世紀に巨大化する。いかに大きかったかは、日本で四番目に大きい造山《つくりやま》古墳、十番目の作山《つくりやま》古墳が、この時期に造られていたと聞けば、納得していただけるだろうか。しかも、双方とも、同時期に造られた「天皇陵」と、わずかな差で小さいというだけで、ほとんど「比肩《ひけん》」しているところがミソである。吉備の首長が、ヤマトの王家と同等の力を持っていたのが、五世紀の前半なのである。

まずここで、各地の前方後円墳の「大きさ」の話からしておこう。どれもこれも、普段航空写真で見ているから、前方後円墳とすぐに分かるが、実際に歩いて近づいてみると、それは「山」でしかない。

日本一の前方後円墳は、大仙陵《だいせんりょう》古墳（大阪府堺《さかい》市の伝仁徳《にんとく》天皇陵）で、全長約四八六メートルである。世界一といわれた戦艦大和の全長が二六三メートルだから、倍までいかなくとも、とてつもない大きさであることは、数字からもはっきりとしている。

二番目が誉田御廟山《こんだごびょうやま》古墳（大阪府羽曳野《はびきの》市の伝応神《おうじん》天皇陵）で、四二五メートル。三番目が石津ヶ丘古墳（堺市の伝履中《りちゅう》天皇陵）である。

なぜ日本全国の前方後円墳の中の一位から三位までを追ったかというと、第四位の吉備の造山古墳が造られたころ、右記の一位と二位の前方後円墳がまだ造られていなかったところに問題が隠されているからだ。つまり、吉備の王は、ヤマトの大王が築き上げた巨大な前方後円墳（当時日本最大、現在三位）をせせら笑うように、同じような前方後円墳（当時日本二位、現在四位）を造ってみせたわけである。

このあと具体的な数字を挙げるが、ヤマトのナンバーワンと吉備のナンバーワンの前方後円墳の全長差は、わずかに一〇メートルであり、設計図を見なければ、どちらが大きいのか、「素人目《しろうとめ》」には分からない違いである。

■吉備の古墳時代の変遷

そこであらためて、五世紀の吉備の巨大な前方後円墳の全貌を見ておこう。

まず造山古墳（岡山県岡山市北区新庄下《しんじょうしも》）は、全長約三五〇メートルで、古山陽道の要衝に位置する。後円部径二一〇メートル、墳頂の比高約二八メートル、前方部前端幅二三〇メートル、同比高二三メートルある。墳頂部には円筒埴輪が囲み、精巧な家形、盾形、蓋《きぬがさがた》形埴輪などの器台埴輪が並んでいた。

造山古墳は、五世紀前半の造営であり、吉備の地で、この時代の一〇〇メートルを超える前方後円墳は他に見あたらないところに、大きな意味が隠されている。それまで、中小部族の長は、前方後円墳を造ってきたのに、このころになると、それが大型の方墳に取って代わっていくのである。

しかもこれらの方墳は、旧山陽道に沿って、等間隔に並んでいること、大量の武具を副葬していることから、ひとりの吉備の首長を頂点とするピラミッドができあがっていたこと、その各部族の長は、武装集団化していた疑いが強いのである。

なぜこのような変化が起きていたかというと、このの ち述べる『日本書紀』の吉備の反乱記事と、深いつながりがあるかもしれない。ヤマトと直接つながっていた中小の首長層が、吉備の首長の支配下に組み込まれたのではあるまいか。

もうひとつの吉備の巨大前方後円墳は、造山古墳の西側二キロほどの作山古墳（総社市三須《みす》）で、吉備では二番目に大きい前方後円墳である。全長二八五メートル、後円部径一七四メートル、前方部長一一〇メートル、前方部前端長一七四メートルで、五世紀中葉の造営と考えられる。

ヤマトのほぼ同時期の前方後円墳は、河内の誉田御廟山古墳で全長は四二五メートルである。また、ヤマトには、ほぼ同じ頃、ウワナベ古墳（奈良市法華寺町《ほっけじちょう》）があって、これが全長二五五メートルだから、大王に次ぐ力を持っていたのが、吉備の首長だったと捉《とら》えることが可能だ。

ところが、ここから吉備の前方後円墳は、勢いを衰えさせていく。その証拠が、両《りょう》宮山《ぐうざん》古墳（赤磐《あかいわ》市穂崎《ほさき》）である。

全長一九二メートル、後円部径約一〇〇メートル、同高約二三メートル、前方部前端幅約一二〇メートル、同高約二三メートル、周濠《しゅうごう》を備えた五世紀後半の前方後円墳である。

これら五世紀の吉備の前方後円墳を比較すると、ひとつの傾向が見られる。すなわち、吉備の王家は五世紀前半、造山古墳造営の時代に絶頂期を迎え、ヤマトの大王家と比肩しうるだけの力を持ったが、五世紀後半の両宮山古墳に至ると、古墳の規模が一気に縮小化してしまうということである（とくに吉備の東側のかつての中心地での話だが）。

両宮山古墳は、ヤマトの誉田御廟山古墳の陪塚（従者や近親者の墓）よりも三〇メートルほど小さいという、屈辱的な規模に成り下がったのである。

■五世紀のヤマトの変化

ヤマト建国は、三世紀半ばから後半にかけての出来事。その後四世紀にいたり、ヤマトは対外交渉を停止するが、内政の充実に励んでいたようで、前方後円墳という新たな埋葬文化を、一気に各地の首長層に受け入れさせていくことに成功するのである。

単純に言えば、それぞれの地域の首長たちにもその土地その土地の「王」として君臨させ、「前方後円墳を造営する権利」を認めた上で、「ヤマトの大王（のちの天皇）の前方後円墳の大きさを超えてはならない」という不文律を守らせた、ということだろう。日本中（東北地方北部をのぞく）の王の中の王は、ヤマトの大王であり、そうはいっても、ヤマトの大王に、他の首長を力ずくで支配するだけのパワーはなかった。ヤマトの大王は、「祭祀《さいし》のための王」と考えたほうが良く、その周辺を、ヤマト建国に貢献した多くの首長層の末裔たちが、とりまいていて、彼らが政局を操縦していたというのが、真相に近いだろう。

ところが五世紀になると、ヤマト朝廷は、次第に変質していく。内政が充実し、朝鮮半島に軍事介入するほどの力をつけていった。

当時の朝鮮半島では、北方の騎馬民族国家・高句麗《こうくり》が、盛んに南下政策を採り、朝鮮半島南部の百済、新羅《しらぎ》、伽耶《かや》（任那《みまな》）は頭を悩ませていた。百済と新羅は隣国で、仲は悪かったが、高句麗が南下してくれば手を組み、高句麗が北に戻っていくといがみ合うという、微妙なパワーゲームをくり広げていた。

ヤマトは、半島最南端の伽耶と多くの利害を共有していたから、高句麗の南下を無視していられなかったということだろう。百済とも手を組み、兵を繰り出し、高句麗と対峙《たいじ》した。

暴れん坊の高句麗には、中国大陸側も手を焼いていた。歴代王朝が苦心して万里《ばんり》の長城《ちょうじょう》を築き続けたように、騎馬民族の南下は、中国にとっても、永遠の難題であった。だから、高句麗に果敢に挑んでいったヤマトの大王たちは、

「称号が欲しい」

と、中国に訴え出たのだった。これが、『宋書《そうじょ》』倭国伝《わこくでん》に載る、倭《わ》の五王《ごおう》である。顔ぶれは、讃《さん》・珍《ちん》・済《せい》・興《こう》・武《ぶ》で、日本側の漢風諡号《かんふうしごう》は、仁徳（あるいは履中か応神）、反正《はんぜい》（あるいは仁徳）、允恭《いんぎょう》、安康《あんこう》、雄略《ゆうりゃく》ということになる。

三世紀から四世紀にかけてのヤマトの王は、周囲の首長層に頭が上がらない存在であったに違いない。少なくとも、ヤマトの王家は、「合議制の中の祭司王《さいしおう》」という役割が与えられていたのではないかという疑いがある。

そう考える理由については、ふたたび触れるが、ここで注目したいのは、倭の五王の最後の武王＝雄略天皇が、突出した権力を手に入れたのではないかという疑いなのである。

なぜ瀬戸内海の歴史を考えるために、雄略天皇に注目するかというと、この天皇の出現が、ヤマト朝廷の歴史の中の大きな節目に当たっていた可能性が高いこと、しかも、それまでの政治秩序が、逆転し、このことが吉備と瀬戸内海社会に大きな変化を生じさせるきっかけになったのではないかと思えるからである。

■古代の画期をつくった雄略天皇

雄略天皇の強権発動の歴史は、すでにヤマト編の中で少々触れておいた。クーデターによって王権を獲得した異色の大王が雄略であり、当時もっとも力を持っていた豪族＝円大臣《つぶらのおおおみ》（葛城《かつらぎ》氏）を潰しにかかったと『日本書紀』は記録している。

雄略天皇が、ヤマトの伝統的な政治体制をいかに破壊し、どのように新たな体制を整えようとしたのか、その詳細は、今となってははっきりとは分からない。ただ、たとえば『万葉集』の第一首が、雄略天皇の歌であったこと、このあとも『万葉集』は、節目節目で雄略天皇の歌を、まるで栞《しおり》のようにはさんでいる謎は、よく指摘されるところだ。

七世紀や八世紀の都人《みやこびと》にとって、どうやら雄略という男は、なかなか忘れることのできない帝《みかど》だったらしい。

事実、五世紀後半は、いろいろな変化のあった時代である。

まず、それまでは多くの首長層が、「手弁当」で運営していたであろうヤマト朝廷が、「部民制《べみんせい》」という制度によって運営されるようになっている。

この制度は律令制度が出現するまでの過渡的な社会制度で、ヤマト朝廷の中央集権化への第一歩と言っても過言ではなかった。

部民制の原理はどのようなものかというと、首長、豪族たちに土地と民の私有を認め、その見返りに、中央の王家に、職業集団を率いて奉仕させるというものである。

ただし、「大王が首長層の土地や民の私有を許す」というのは建前のことで、もともと地方の首長層が、寄り集まってヤマトを建国したのだから、それぞれの権利を継承してきた首長たちにすれば、

「ヤマトの王家が認めるとか認めないとか、そういう問題ではなく、われわれは先祖代々、この土地を支配してきたし、ヤマトの王家をもり立てているのは自分たちではないか」

という意識が強かっただろう。

このような「首長層の発言力の強さ」が現実だからこそ、この状態を放置しておけ

ば、流動化する東アジア情勢に乗り遅れるという焦《あせ》りが、ヤマトの王家に生まれたのであり、中央集権化の歩みは徐々に進められていったのである。

また、いくら力がないといっても「対外戦争の旗印」として、ヤマトの王家の存在は、東アジアに知れ渡ったのであり、五世紀のヤマトの五人の王に、

「このままではいけない」

という発想と、

「うまくすれば王家の形が変わるかもしれない」

という漠然とした期待が芽生えつつあり、だからこそ、中国側に新たな称号を督促し始めたのではなかったか。

というのも、ヤマトの王家と同等の力を持っていた「吉備」が、雄略天皇の出現と軌を一にするかのように、没落していたからである。それが、これまで話してきた「造山古墳→作山古墳→両宮山古墳」の変遷《へんせん》であり、なぜこのような事態に陥ったのかと言えば、『日本書紀』には、それなりの説明がしてある。それは、吉備の反乱である。

■吉備の反乱伝説

雄略七年八月のことだ。絶対年代は分からない。おそらく五世紀後半のことだろう。吉備はここから三年間、ヤマトと敵対している。『日本書紀』にそう書いてある。

事件のきっかけは、どうということでもなかった。舎人《とねり》（天皇や皇族に近侍《きんじ》し、身の回りを世話し、護衛する下級官人。首長層から貢進《こうしん》された）の吉備弓削部虚空《きびのゆげべのおおぞら》が休暇をとって帰郷したという。ところが、虚空は、なかなか都に戻ってこなかった。吉《き》備下道臣前津屋《びのしもつみちのおみさきつや》が、勝手に虚空を使役してしまったからである。

ちなみに、『日本書紀』はこの事件に別伝を用意していて、その中で吉備下道臣前津屋ではなく、国造の吉備臣山《きびのおみやま》が登場している。それはともかく……。

そこで雄略天皇は、身毛君丈夫《むけのきみますらお》を遣わしたのだった。すると、召された虚空は、次のように述べたというのだ。それは、吉備下道臣前津屋に、謀反《むほん》の意志があるかのような報告であった。

「前津屋は少女を天皇になぞらえ、また女を自らになぞらえて戦わせました。少女が勝つと斬《き》り殺してしまいました。それに、小さな雄鶏《おんどり》を天皇の鶏と呼んで毛を抜き翼を切り落とし、大きな雄鶏を私の鶏といい、鈴や蹴爪《けづめ》をつけて戦わせました。毛を抜かれた鶏が勝つと、斬り殺してしまいました」

この話を聞いた雄略天皇は、物部連《もののべのむらじ》の支配する部民の兵士三十人を遣わし、前津屋とその一族七十人を成敗させたというのである。

吉備の受難（ヤマト側から見れば謀反ということになる）は、これだけでは終わらなかった。

『日本書紀』の雄略七年是歳の条だから、前津屋の事件の直後のこと、次のような記事が載せられている。

この年、吉備上道臣田狭《きびのかみつみちのおみたさ》は、自分の妻稚媛《わかひめ》（吉備上道臣の娘で、『日本書紀』の別伝には、吉備窪屋臣《きびのくぼやのおみ》の娘とある。吉備にゆかりの深い女人であることは間違いない。ついでまでに言っておくと、吉備氏には「上道」と「下道」の二つの流れがあるが、前者は吉備の東側、後者は西側に拠点を持っていた。都に近い方が「上」である。さらに余計なことを言うが、「下道」が「西」というのは、「上道から見て西」ということで、現実の住所は総社市を中心とする一帯）の美貌《びぼう》を周囲に吹聴《ふいちょう》した。友人に、

「わが妻の美しさよ」

と、自慢したという。

これを知った雄略天皇は喜び、スケベ心が抑えられなくなったようだ。稚媛を手に入れようと考えたのである。

そこで天皇は、田狭を朝鮮半島最南端の任那（伽耶諸国）の国司に任命し（ようするに左遷し、飛ばしてしまったわけである）、夫の留守中に、ついに稚媛を手に入れてしまったのである。

田狭は任那で、妻が雄略天皇に奪われてしまったことを知り、隣国の新羅に救援を求めた。新羅はこのとき、倭国（日本）と袂《たもと》を分かち、朝貢《ちょうこう》していなかったのだ。

ところで、田狭と稚媛の間には、すでに二人の子があった。兄君《えきみ》と弟君《おときみ》である。雄略天皇は弟君と吉備海部直赤尾《きびのあまのあたいあかお》に詔して、

「新羅を討ってくるように」

と命じた。だが弟君は、百済から新羅に向かったものの、戦わずして百済に戻り、動こうとしなかった。

田狭はこれを知って喜び、使いを百済に差し向け、弟君に、

「天皇はわが妻を横取りし、すでに子まで生ませた。災いはわれらにおよぶだろう。だからお前は、百済に留まり、日本に通じてはならない。私も任那にあって、日本とは通じないから」

と告げた。ところが弟君の妻・樟媛《くすひめ》は、国を愛する気持ちが強く、この「謀反（もちろん、田狭の行動をいっている）」を憎んだ。そこで夫の弟君を殺し、吉備海部直赤尾とともに、百済の才伎《てひと》（技術者、職人）を連れて帰ってきたという。

■朝鮮半島を巻き込んだ吉備の乱

ただしこれには『日本書紀』の中に異伝がある。

それによれば、田狭臣の妻は、葛城襲津彦《かつらぎのそつひこ》の子・玉田宿禰《たまたのすくね》の娘の毛媛《けひめ》で、雄略天皇はその美しさに目が眩《くら》み、夫を殺して掠奪《りゃくだつ》してしまったというのである。

こちらが本当なら、田狭に罪はなかったことになる。また、吉備臣弟君についても異伝があって、弟君は百済から帰国して、百済から贈られた才伎等を朝廷に献上したのだとある。

もうひとつ、吉備が朝廷に刃向かう事件がある。それは、雄略二十三年に、前兆が記録されている。雄略天皇の崩御の直前の混乱の話だ。

こちらは、王家の内紛と大いにかかわりがある。しかも、元をただせば、雄略天皇が蒔《ま》いた種でもあった。ことの経緯は、以下の通りである。

雄略天皇はこのとき病の床に伏せり、大伴室屋大連《おおとものむろやのおおむらじ》らに、遺詔して次のように述べている。

「世は平穏であり、人々は平安に暮らしている。だが今、星川王《ほしかわのみこ》は悪い企《たくら》みを持っている。兄弟の義を欠いている」

と述べたという。星川王の謀反に警戒するように、という遺言である。

『日本書紀』は、星川王について「一本《あるほん》に云《い》はく」と、別伝を用意し、星川王の性格が悪く荒々しいことは、天下に知れ渡っていたといい、だから天皇は、のちに皇太子の身に危険が及ぶと心配したというのである。

ここにある皇太子とは、雄略と葛城円大臣の娘の韓媛《からひめ》との間の子で、このあと即位される清寧《せいねい》天皇（白髪武広国押稚日本根子《しらかのたけひろくにおしわかやまとねこ》天皇《すめらみこと》）のことである。

また、ここに登場する星川王は、雄略天皇と吉備上道臣の娘・稚媛との間の子で、雄略元年三月の条には、星川稚宮皇子《ほしかわのわかみやのみこ》という名で登場している。くどいようだが、星川王の母・稚媛は、夫から切り離され、雄略天皇に掠奪された、あの稚媛である。

さらに蛇足になるが、星川王が「稚宮」の別名を持つのは、「稚」が祟《たた》る鬼を意味していることと無縁ではないかもしれない。古い神社の摂社に「稚宮」や「若宮」が祀《まつ》られる例が散見できるが、多くの場合、これらは祟る恐ろしい神だから祀られていたのだ。それはともかく……。

雄略天皇の心配は杞憂《きゆう》ではなかった。吉備稚媛《きびのわかひめ》は星川皇子《ほしかわのみこ》(星川王)に、「天位に登ろうとするのなら、まず大蔵《おおくら》の官《つかさ》(国家の財政を管理する役所、今日的に言えば財務省)を取りなさい」

とけしかけたのだった。

すると星川皇子は、母親の言うとおりに、大蔵の役所の門を閉ざし、財を私物化してしまった。

大伴室屋大連らは、雄略天皇の遺詔が現実になったとして、皇太子にお仕えしお守りしようと述べ、大蔵を軍勢で囲み、火を放って母子ともども焼き殺してしまった。

このとき、吉備上道らは、都で騒ぎになっていることを聞きつけ、吉備系の星川皇子に加勢しようと、吉備から軍船四〇隻を率いてやってきたが、すでに星川皇子らが殺されてしまったことを知り、やむなく引き返したという。

そこで天皇は使者を遣わし、吉備上道臣の所領する山部《やまべ》を奪った。一方大伴室屋大連らは、璽《みしるし》(レガリア)を皇太子にたてまつったという。

これが吉備氏反乱説話である。

■切り崩される吉備

『日本書紀』に残された吉備反乱伝承、どのように考えればよいのだろう。

まず、前方後円墳の規模から言えば、確かに五世紀後半、吉備の前方後円墳は縮小していた。このような五世紀後半の「吉備の乱」以降の状況をもう少し、詳しく述べておくと、つぎのようになる。

まず、吉備では、ヤマト建国とほぼ同時に前方後円墳が造られるようになったが、だからといって、しばらくの間、ヤマトの王家と比肩しうるような大きさの前方後円墳は造られなかった。ところが、四世紀後半ごろから、丹後などヤマトの周辺で、王家の墓とみまがうばかりの巨大古墳が出現するようになる。そして五世紀初頭には、吉備の造山古墳が出現し、さらに作山古墳がこれに続いたわけである。

ところが、五世紀後半には、吉備の前方後円墳は、突然小型化する。両宮山古墳（のちの備前の地域になる）は、誉田御廟山古墳の従者の眠る陪塚《ばいちょう》よりも小さい古墳だったから、吉備の衰弱ぶりが分かる。

また、この時代、吉備には並行してもうひとつ前方後円墳が築かれていて（こちらは備中）、規模はそれほど大きくはないが、吉備の勢力が細分化されつつあった可能性が高い。

六世紀の中葉から後期にかけて、吉備には三つの巨石を用いた横穴式石室《よこあなしきせきしつ》の前方後円墳が造られている。これらは、「国造級」の人物が埋葬されていたと考えられている。

前方後円墳に詳しくないかたのために補足しておくと、前方後円墳は、はじめは竪《たて》穴式石室《あなしきせきしつ》で、ひとつの穴にひとりの人物を埋葬していた。ところが六世紀になると、巨大な横穴に巨石で石室をしつらえ、そこに棺を埋葬するという様式がヤマトで導入され、各地に広まった。この新たな埋葬形態の特徴は、「追葬」が可能になったことで、埋葬者の縁者が、何人も埋葬されるようになったのである。

これらの古墳の様子と『日本書紀』の記事を重ねると、どのような推理が生まれるのだろう。

古瀬《ふるせ》清秀《きよひで》氏は『吉備の考古学』（近藤義郎・河本清編　福武書店）の中で、「備後（吉備の中でも広島県寄り）の古墳」に注目し、いくつかの興味深い指摘を行っている。

まず、ヤマトにとって吉備は、脅威さえ感じる地域であり、弱体化を目論《もくろ》み、政治介入を繰り返してきたとする。特に、巧妙に周辺からの切り崩しを試みた。力の分散化によって、浸透を図ろうと考えていたというのである。

たとえば備後の北部の三次《みよし》盆地は、三千基の古墳が密集する地として名高いが、そのなかでも注目すべきは、五世紀の大古墳群が二十ほどのグループを形成していることだ。前方後円墳は三〇メートル以下で、数も少ない。首長墓のほとんどは「帆立貝形古墳」か「円墳」であることが、問題だという。

帆立貝形古墳というのは、前方後円墳の前方部の先を切ったような形で、そのような説明をするまでもなく、上から見ると、「帆立貝」のような古墳といえば、形を想像できるだろう。

問題は、帆立貝形古墳を造る首長は、独立性が弱い、ということである。

これはどういうことかというと、前方後円墳を造ることのできる首長は、中央政府と対等とまではいかなくとも、強い発言権を持ち、ヤマトを支える一員という気概を持っていたろう。だから、大王と同じ形の前方後円墳を造ることが許された。これは、もちろん、三世紀来のヤマト朝廷が、「首長の連合体、合議制を尊重する国」だったことと無縁ではあるまい。

ところが、帆立貝形古墳は、ヤマトの王家から、築造の規制を受けた形だと言われている。つまり、「お前には前方後円墳を造る資格はない」と、指示されてしまったわけである。

■いくつにも分かれていく吉備

一方でこれら帆立貝形古墳を造営した者たちは、新しくこの地域で台頭してきた者たちで、畿内政権は、これらの勢力と結びついていき、しかも新興勢力は、畿内政権の軍事組織の一翼を担《にな》っていったのだという。このことは、帆立貝形古墳の副葬品に武器や武具の占有率が高いことからも確かめられるという。古瀬氏は前掲書の中で次のように述べている。

以上の諸点からみると、五世紀中葉以降、三次盆地に出現する大形帆立貝形古墳の被葬者達は、畿内政権と密接に結びついた新興の豪族層といえよう。古い伝統的な共同体社会の枠を脱却した彼らは生産力の増大とともに、集団内部でも階層の序列化を推し進め、三次盆地のあの爆発的な小古墳の築造へとつながっていく。

この指摘は重要で、「吉備」は、三世紀のヤマト建国に荷担したひとつの「グループ」であったかもしれないが、その後の時間の経過とともに、吉備内部における地域ごとの利害が対立し分立し、そこをヤマトにねらわれ、弱体化させられていった可能性が出てくるわけである。

通説も、おおよそ次のような説明をする。

まず、吉備が巨大勢力に成長するのは五世紀前半のことで、ヤマトの葛城氏とともに、ヤマトの政権を支える二大勢力にのし上がっていった。ところが、五世紀後半、葛城も吉備も没落してしまう。ヤマトの圧力に抵抗したが、鎮圧されてしまったというのである。

そして、反乱の鎮圧に功のあった物部や大伴らが、ここから台頭していく。

なぜこのようなことが起きてきたのかというと、熊谷公男《くまがいきみお》氏は、『日本の歴史03 大王から天皇へ』（講談社）の中で、次のように説明している。

吉備や葛城は、「ヤケ（宅。広大な農業経営地）」に根ざした、土豪的な氏族であり、これに対して、物部や大伴は、性格を異にするという。すなわち、「王権の新しい支配機構に密着し、ヤケだけでなく部《べ》を重要な経済的基盤とするタイプの氏族が王権の中枢部《ちゅうすうぶ》を占めるようになるのである」と、説明するのである。

なるほど、たしかに、五世紀後半の吉備の考古学と、『日本書紀』の「吉備の反乱」記事を読めば、このような説明が、もっとも整合性を持っているのかもしれない。

ただ、どうしても分からないのは、『日本書紀』の態度である。

吉備がヤマト建国にもっとも貢献していたことは、考古学の進展から、ほぼ明らかになりつつある。それならばなぜ、『日本書紀』はヤマト建国と吉備の関係を抹殺《まっさつ》してしまったのだろう。

そして吉備には、空白の四世紀が存在するのである。ヤマト建国に大活躍した吉備であるのに、なぜ五世紀にいたるまで、「巨大な姿」を見せなかったのだろう。

ここに、何か秘密が隠されていたのではあるまいか。そして、吉備の歴史がはっきりとしたとき、これまで語られることのなかった、新たな歴史像が見えてくるはずである。

以下、吉備の古代史をもう少し掘り下げてみたい。

第三章

しまなみ海道と水軍の話

山陽本線
三原市
広島県
呉線
岩子島
向島
百島
田島
横島
佐木島
因島
燧灘
高根島
生口島
耕三寺
生口島道路
生名島
弓削島
岩城島
しまなみ海道
大山祇神社
伯方島
大三島
大島
西瀬戸自動車道
今治市

広島県・しまなみ海道

■邪馬台国東遷《やまたいこくとうせん》を吉備が助けた？

謎《なぞ》めく瀬戸内の古代王国・吉備。

なぜ、この国の基礎を築いた吉備が、歴史の闇《やみ》に葬《ほうむ》られてしまったのだろう。くどいようだが、三世紀のヤマトの纒向《まきむく》には、出雲《いずも》や東海、そして、北陸などの勢力がいっせいに集まり、その中心に吉備が立っていたのである。

ところが『日本書紀』は、ヤマト建国の歴史を「出雲神話」に封印し、吉備は蚊帳《かや》の外に、放り出されたままなのだ。

なぜ吉備は、無視されたのだろう。

それだけではない。ヤマト建国の歴史のみならず、邪馬台国の秘密も、吉備が握っている可能性があるから、問題は複雑になる。

たとえば大和岩雄《おおわいわお》氏は、北部九州にあった邪馬台国が東に遷《うつ》ってヤマトになったという発想を発展させ、邪馬台国は北部九州からそのままヤマトに移ったため、「邪馬台国は二ヶ所にあった」のであり、邪馬台国が西から東に遷るときに吉備は橋渡し役になったのではないかと指摘している。

かつては「邪馬台国は北部九州にあった」という邪馬台国北部九州論と、「邪馬台国が畿内に移ってヤマトは建国された」とする邪馬台国東遷論が、セットになって語られていたものだ。ところが、三世紀の纒向遺跡の衝撃が、このような考えを一蹴《いっしゅう》してしまった。そして、勢いあまって、「邪馬台国は畿内で決まった」と豪語する学者も現れたわけである。

そして、纒向の建設に「吉備」がもっとも貢献していたことや、北部九州の沿岸地帯から筑後川の北岸あたりまで、纒向で生まれた庄内式《しょうないしき》土器が分布し、さらにこれにほぼ重なるように、纒向型前方後円墳が採用されているところから、吉備がヤマトを建設し、しかも北部九州を制圧してヤマトは建国された、という推理が提出されるに至った。これに対し大和岩雄氏は、「そうではない」と主張している。

ヤマトの纒向を吉備が主体になって誕生させたことは確かにしても、前方後円墳には、北部九州の首長権継承儀礼の呪具《じゅぐ》（具体的に言うと、鏡、剣、玉）が副葬されるようになったこと、これがのちの三種の神器になっているところからも、北部九州は制圧されてヤマトに組み込まれたのではない、と指摘し、『新邪馬台国論』（大和書房）で、次のように語っている。

纒向の範囲が、三世紀後半になって二倍以上に突然拡大した原因は、北部九州にあった女王の都の女王国から纒向（邪馬台国）への遷都《せんと》以外には、考えられないのである。

とする。

大和氏の説には、常に共感を覚えるが、この発想には、従うことができない。

まず大和氏は、三世紀後半になって突然纒向が拡大したことについて、これを説明するには、北部九州のヤマトへの移動を考えざるを得ないとするが、その前に考慮しておくべきは、大分《おおいた》県日田《ひた》市のことである。

九州編で述べたように、日田には、纒向遺跡の出現とほぼ同時にヤマトと山陰の拠点である小迫辻原《おざこつじばる》遺跡が出現し、三世紀後半の纒向の発展とほぼ同時に、小迫辻原遺跡も巨大化している。

この現象は、「ヤマトと山陰の勝利」を意味しているのであって、「北部九州がヤマトに移ったから」ではない。

さらに、「北部九州」とひとくくりにするから分からなくなるのであって、北部九州でも、筑後川の両岸（南北）では、「地の利」で雲泥《うんでい》の差があり、纏向型前方後円墳が、筑後川の北側に伝播《でんぱ》している事実を見逃してはなるまい。

つまり、日田を取られたため、筑後川の北岸地帯（北部九州沿岸地帯である）は、ヤマトに組み込まれざるを得なかったということである。そして、「筑後川の南岸」は、「北岸の弱腰」を、鼻で笑っていたと考えられ、だからこそ、纏向型前方後円墳を、はね返していたのだろう。

■日本の地理の特殊事情

なぜこのような話を蒸し返したのかというと、これまでの邪馬台国論争が、「瀬戸内海の地理」をほとんど無視したまま進められてきたからである。

そこであらためて、日本の地理の特殊性を個条書きにして挙げてみよう。特に、太古の日本を想像していただきたい。

（1）海に囲まれている

（2）日本列島を目指すかのように、南と北から海流が流れ込む

（3）山が海に迫っている（平地がない。極端に少ない。しかも、縄文海進以来、古墳時代に至るまで、海岸線は今よりも山側に迫っていた。たとえば大阪では、大坂城や住吉大社《すみよしたいしゃ》のすぐ西側が海岸線だった）
（4）日本列島を指して豊葦原《とよあしはら》と神話の中で褒め称《たた》えられているのは、湿地帯が多かったから。ちなみに、その豊葦原を、どうして騎馬民族が蹂躙《じゅうりん》できたというのだろう。馬の脚は取られるし、牧草をどこで調達したというのだ？　ついつい余談だが
（5）四季の移り変わりがある
（6）高温多湿（大量の雨）
（7）瀬戸内海という東西に長く、巨大な内海が存在する

もちろん、ここで特記しておきたいのが、瀬戸内海の地理なのである。
（1）〜（7）の、日本の地理条件を見やれば、「水運」がいかに重要だったか、はっきりとするはずだ。しかも、冬季には北西の季節風が吹き荒れ、日本海側は時化《しけ》るのだから、一年を通して通行可能な瀬戸内海のありがたさは、古代人なら、身をもって知っていたはずだ。
瀬戸内海の重要性は、畿内から北部九州や朝鮮半島を結ぶ大切な航路だったからで、

しかも、くどいようだが、潮流が速く、この流れを熟知していれば、楽に進むことができた。逆に言えば、瀬戸内海の複雑な地形と潮流を知らない人間にとっては、不便であるばかりか、危険な海域でもあったのだ。

その「水運の要衝」であり「海の魔界」でもある瀬戸内海を、誰が制覇するか、これこそが、ヤマト建国の最重要課題だった。なにしろ、ヤマトは「瀬戸内海という流通ルートを監視し支配するための山城」なのだから、ヤマトは「目的」ではなく、「手段」だった。ヤマトを抑える「目的」が、朝鮮半島↓北部九州↓瀬戸内海↓琵琶湖↓北陸（あるいは東海）に抜ける流通ルートの確保であり、瀬戸内海の制海権を確立することだった。

そして、第一章で詳しく触れたように、瀬戸内海を支配するためには、まず「関門《かんもん》海峡」を誰が手に入れるかが、大問題となっていたのである。

それだけではない。瀬戸内海は、まれにみる「多島海」で、大軍をもってしても、この複雑な地形をくぐり抜け、東に進むことは容易ではなかったはずなのだ。海の民を敵に回せば、「ゲリラ戦」を仕掛けられ、往生したに決まっている。

つまりこういうことだ。弥生時代後期の渾沌《こんとん》の中で、鉄の流通を巡って争いが起きていた。だから、安定的に鉄を確保するにはどうすればよいのか、誰もが悩み、策を練ったのであろう。

その中でも大事なことは、北部九州から見た「東」が、とても厄介なものに映ったであろうということだ。弥生時代を通じて、北部九州と「東」は異文化圏にあって、お互いに「あいつらは何を考えているのか分からない」と思っていただろうし、北部九州にしても、

「瀬戸内海を支配するのは、容易なことではない」

と感じていたはずなのだ。そして物理的にも、北部九州の人々が瀬戸内海を大手を振って（しかもわが物顔で）自由に航海することは、不可能に近いことだっただろう。

そうなると、北部九州勢力が、圧倒的なパワーでヤマトを制圧したなどという話を、俄《にわか》に信じることはできないし、仮に、ヤマトが多くの首長たちの「連合」として発足したとしても、これまで信じられてきたように、北部九州の王が、他地域よりも優遇され、王に押し立てられたかどうか、じつに心許《こころもと》ないのである。

「しかし、弥生時代、もっとも繁栄していたのは北部九州ではないか」

と、思われるかもしれない。

それならば、一度、瀬戸内海を旅してみようではないか。考え方が、がらっと変わるに違いない。

■古代海人《あま》たちの気位の高さ

瀬戸内海は、「海の密林」で「天然のハイウェイ」だ。この天然のハイウェイを無事に通りすぎるには、潮の満ち引きの加減を熟知し、海賊たちのご機嫌を損ねない工夫が必要だった。

たとえば、平家が繁栄した理由のひとつは、中国の宋国との貿易が財力となったからだが、そのためにはまず、瀬戸内海を手に入れる必要があった。だから平清盛《たいらのきよもり》の父親の忠盛《ただもり》は瀬戸内海の各地に拠点を設け、また、瀬戸内海の海人たちを謀略と懐柔によって、味方に引き入れていた。それはけっして「武力」による鎮圧ではなく、共存共栄を約束したから、みな平家に従ったのである。

そうはいっても、「自由」を愛してやまない海人たちにすれば、これは妥協であって、平氏に心底臣従したわけではなかったようだ。平氏が瀬戸内海を追われ、長門《ながと》の彦島《ひこしま》(下関市《しものせき》)に拠点を構え、いよいよ壇《だん》ノ浦《うら》の合戦というとき、源義経《みなもとのよしつね》は伊予《いよ》(愛媛県)周辺の海人たちに加勢を求め、海人たちもこれに応じたらしく、それは、「平氏の締め付け」を半ば面白く思っていなかったからだろう。

海の民がなかなか権力者の言いなりにならなかったのは、瀬戸内海の海流が複雑な動きをすること、「航海」が特殊技術であることからだ。いくら権力者といえども、海人たちの機嫌を損ねれば、それこそ、流通はストップしてしまう可能性があった。現代風に言えば、サボタージュされ、ストライキを起こされてしまうわけである。

これは、想像ではない。『播磨国風土記《はりまのくにのふどき》』賀古《かこ》の郡《こおり》の条には、海の民の気位の高さを物語る次のような話が残されている。

それによれば、第十三代景行《けいこう》天皇が摂津《せっつ》の国の高瀬《たかせ》（大阪府守口《もりぐち》市高瀬町。淀川《よどがわ》の河口付近）の渡し場で、川を渡ろうと思い、渡し守に頼んでみた。すると、紀伊《き》の国《くに》生まれの渡し守は、

「私は天皇の召使いではない」

と、断ったのだった。そこで景行天皇は、

「そう、固いことを言わずに」

と、親しみを込めて懇願した。すると、渡し守は、

「駄賃を払うなら、話は別だ」

というので、景行天皇は身につけていた高価な縵《かずら》（髪飾り）を舟に放り投げた。すると舟は光り輝き、渡し守は、

「たしかに駄賃はいただいた」

と、舟を出したというのである。

いくら天皇といえども、海の民を権威と権力でねじ伏せることはできなかったという逸話である。

■どうやら御先祖様は海賊だったらしい

話はがらっと変わるが、小生の「関」という姓は、「関所とかかわりがあったから」とする説がある。御先祖様の「関さん」は、通行料をもらうことを生業《なりわい》にしていたというのだ。

役人が「通行税」を取るのとはわけが違う。「関さん」は、半ば強圧的に、金を要求していたらしい。ようするに、「関さん」は山賊や海賊であった。交通の要衝で武装し、旅人に「いちゃもん」を付けては、金を巻き上げていたわけである。

いや、御先祖様のために、弁明が許されるならば、通行料をいただく見返りに、旅の安全を保証していたわけである(「金を払わなければ、どんな目に遭うか、わからないよ」とやさしく説明するわけだ……。ひょっとして、弁明になっていない?

「金貸して」と近寄ってくる高校生同士のカツアゲのレベルか？）。

それはともかく、こういう立派な御先祖様の末裔《まつえい》である私だから、瀬戸内海の恐ろしさは、容易に想像できる。

このような特殊な環境を利用して、瀬戸内海の海人たちは、通行料をちょうだいしていたに決まっている。彼らは「水軍」とも呼ばれているが、何のことはない、要は「海賊」だったのである。

もっとも、むやみやたらに、通行料を要求したわけではなかったろう。何度も言うように、瀬戸内海を航海するには、技術と経験に裏付けられた「勘」が必要だったのだ。当然、水先案内人が必要となったろうし、瀬戸の海人たちが、その役目を果たし、西日本の物質の流通を支えていたからこそ、「縄張り」を素通りしようとする不埒《ふらち》な輩《やから》に、焼きを入れるわけである。

だから、瀬戸内海の夕焼けを愛《め》でて優雅に船旅をしようと思ったら、海人たちに「挨拶《あいさつ》」をしておく必要があった。うっかり忘れていると、島陰から突然船団が現れ、あっという間に囲まれて、通行料を巻き上げられるに決まっているのだ。

山内譲《やまうちゆずる》氏は、これら海賊について、『瀬戸内の海賊』（講談社選書メチエ）の中で、「海賊には四種類ある」と、次のように分類する。

(1)船旅をする人を襲って金品を奪う、略奪者としての海賊(土着的海賊)
(2)荘園《しょうえん》領主や国家権力に抵抗する海賊(政治的海賊)
(3)警固《けいご》料をもらって、航行を安全に導く海賊(安全保障者としての海賊)
(4)権力の側に立って軍事力を行使する海賊(水軍としての海賊)

このように分類してみると、(1)の、土着的海賊が、もっとも危なっかしく、実害を伴う海賊のように見える。だが、それは、現代的な解釈であるかもしれない。

■侮れない古代人の航海技術

たとえば、海賊に支払う金を、支払った側が「礼銭《れいせん》」と述べているところに、山内氏は注目している。

これはおそらく、海賊の縄張りを通行させてもらうにあたって支払う謝礼という意味であろう。中世には、航行する側にもいまだこのような意識が残っていた。まして海賊側にしてみれば、「礼銭」は、自分たちの縄張りを外部の者が航行するにあたって、当然支払うべき通行料であったはずである。とすれば、〝略奪者〟としての海賊は、別の面から見れば、〝通行料の徴収者〟でもあった。「礼銭」意識が人々から消え去った時、海賊の行為は本当の意味での略奪になるのである。

なるほど、山内氏の指摘はもっともだ。けれども、もうひとつ考えられることは、信仰上の問題だ。礼銭は、「海の神に支払う賽銭《さいせん》」だから、「礼」だった、ということであろう。瀬戸内の海の民は、「海神の使者」であり、地元の海人（海賊）は船に乗り込み、海神に航海の安全をお願いしてくれるわけである。だから、金は「ふんだくられた」のではなく、神様の懐《ふところ》に入ったという形をとったに違いないのである。

もっとも、これは建前上のこと。海賊が乗っていれば、他の海賊は、これを襲わないという暗黙の了解があったのだろう。海賊たちは、したたかに瀬戸内海で生き抜いていたわけである。

このことは、戦国時代の日本をつぶさに見聞した伴天連《ばてれん》どもも、記録していて、「イエズス会」の報告書には、しまなみ海道の小島、能島《のしま》の海賊の話が伝わっている。伴天連連中も、海賊の被害を避けるために、海賊の親分である能島の大親分（能島村上氏）に挨拶は欠かさなかったようだ。見返りに、親分に通行の許可を得た証《あかし》として、「旗」をもらい受け、海賊がやってきたら、これを見せれば、暗黙の了解で、悪さをしないで退散したのだという。

もっとも、

「広い大海原《おおうなばら》で、そんなに簡単に捕まるだろうか……」

というのが、東日本の人間の考え。実際に瀬戸内海を目《ま》の当たりにすれば、この海がいかに恐ろしい場所なのか、すぐに了解してもらえるに違いない。瀬戸内海は、広いように見えて、狭いのだ。

また、来島《くるしま》海峡などは、最速十ノットの潮の流れが出るといい、現代でも、事故が絶えないという。そういう、複雑な潮の流れを熟知した地元の海人（海賊）に追われれば、それこそ赤児《あかご》の手をひねるように、ねじ伏せられただろう。

実際、海人たちの船は尋常ならざるスピードで迫ってくるらしく、それらの船を「関船《せきぶね》」と呼んでいたらしい（オイラの御先祖様の船だね）。

古代の船には、用途別に構造が違っていたようで、神話の中にも興味深い記事が残されている。

それは出雲の国譲りの場面で、大己貴神《おおなむちのかみ》が天《あま》つ神《かみ》の国譲りの強要に対し、「子供の事代主神《ことしろぬしのかみ》がお答えします」と答え、天つ神は熊野《くまの》の諸手船《もろたぶね》を遣わしたとある。この諸手船とは、漕《こ》ぎ手が大勢いる船で、スピードを重視した早船のことをさしている。「古代船」の様子を今に伝える遺物は、各地から発見されている。兵庫県豊岡《とよおか》市出石《いずし》町の袴狭《はかざ》遺跡からは、古墳時代前期（四世紀初頭）の杉の板に描かれた「大船団の線刻画」が見つかっている。

岐阜県大垣市の荒尾南《あらおみなみ》遺跡には、弥生土器（二世紀頃の代物）に、四十二本の櫂《かい》（左右合わせれば八十四本の櫂があったことになる）を備えた船と、帆船《はんせん》が描かれていたのである。われわれはどうやら、古代人の航海技術を侮《あなど》っていたようだ。

実際、瀬戸内海のど真ん中にたたずんでみて、はじめて分かったことはいっぱいある。それが、しまなみ海道の旅である。

下関の旅で赤間《あかま》神宮《じんぐう》を見物したあと、新下関から新幹線で三原に移動した。三原で一泊し、翌朝尾道《おのみち》に出て、そこからレンタサイクルで、しまなみ海道を縦断したのである。

今回の旅のメインイベントである。

■島だらけの瀬戸内海

本州の人間に日本地図を描かせると、たいがいの場合、関門海峡を広く描き、また、日本列島をとりまく島嶼《とうしょ》の数々を、描き損じてしまう。

たとえば九州の有明海から鹿児島に至る海岸線には、多数の島々が点在するが、これらを正確に地図に描き込める人は、まずいないだろう。

また、瀬戸内海の地図にしても同様で、中国地方と四国、淡路島《あわじしま》を描き入れても、「その他の島々」については、ほとんど無視してしまうのではなかろうか。関西に在住の方ならいざ知らず、東日本に長年暮らしていると、瀬戸内海に無数の島が点在することは「言葉」では承知していても、どことどこに、どのような島があったかとなると、まったく見当が付かない。

だから、地図を片手にしまなみ海道を走ってみると、瀬戸内海が「狭い水路が迷路のように入り組んでいる」ことに、今さらながら驚かされるのである。

特にしまなみ海道は、瀬戸内海を東西に分断する障害物のような役割を担《にな》っている。

実際、山陽道の尾道から四国の今治《いまばり》を結んだ島々（芸予諸島《げいよしょとう》。「芸」は「安芸《あき》」、「予」

は「伊予」）には、「海城《うみじろ》」が列をなしている。

もうひとつ、尾道からしまなみ海道に入り、気づくことは、瀬戸内海側から見た山陽道は、まるで多島海のように思えることだ。つまり、平地がなく、海に山が迫っていて、それぞれの山が、島に見えてくるのである。

考えてみれば、新幹線に乗って大阪を過ぎると、ほとんどトンネルばかりで、景色を楽しむことができないではないか。その理由は、「平地が少ない」からなのだ。ところが、岡山、姫路、福山、広島という大都市が途中にあるから、つい大きな平野が多いという錯覚を、抱いてしまうのだ。けれども、山陽道の海岸線のほとんどは、「崖《がけ》のような土地」なのである。

この事実は、瀬戸内海と山陽道の歴史を考える上で、大きな意味を持っているのではあるまいか。

西日本というと、稲作が早くから根付いた場所という印象が強いが、山陽道には、稲作に適した土地は、意外に少なかったのであり、それにもかかわらず、この一帯が繁栄したのは、海の民の活躍抜きには、考えられないのである。

偉そうなことを書いてきたが、しまなみ海道に行ってみようと考えたのは、瀬戸内海の歴史を学びたいなどという殊勝な心がけからではなかった。島を縫うような景色の中で「サイクリングがしてみたい」という、ただそれだけの、幼稚な発想からだった。このきれいな島々を巡れば、何かしら紀行文も絵になるだろうという、安易な着想だったのだ。

■しまなみ海道にチャレンジ

瀬戸内海の古代史を調べる旅を考え始めたとき、やはり、

「瀬戸内海そのものを味わえるのはどこに行けばよいのか」

と、最初は考えた。なにしろ、これまで瀬戸内海そのものに興味を持ったことはなかったし、山陽道といっても、それほど詳しく見て回っていたわけではない。ガイドブックをぱらぱらメクリながら、あれこれ考えているうちに、みつけてしまったわけです、しまなみ海道を。

「自転車で瀬戸内海を縦断できるのは、なんと画期的なことなんだ!!」

しかも、大山祇《おおやまづみ》神社の大三島《おおみしま》まで、つつーっと、わけもなく行けそうではないか。

インターネットにも、「SHIMAP しまなみ海道観光マップ」なる公式サイトがあって、尾道市から今治市まで、因幡《いなば》の素兎《しろうさぎ》のように、ぴょんぴょんと、島づたい

に「瀬戸内海をわたれるよ〜」と、紹介している。自転車に乗っている人たちの顔も、爽《さわ》やかだ。

それはそうだろう。瀬戸内海の風を、橋の上から感じるなんざ、そうめったやたらに体験できるわけではない。こいつはしゃれている。

公式サイトには、「瀬戸内しまなみ海道でサイクリングを楽しもう！」とあって、次のように謳《うた》っている。

瀬戸内しまなみ海道にある「サイクリングロード」は、日本で初めて海峡を横断する自転車道です。

歴史と文化にあふれる島々を結ぶ、全長約70㎞の海の道を、サイクリングで満喫していただくために、尾道市から今治市の間にある「しまなみ海道」沿線の自治体ではレンタサイクルを運営しています。各地区にあるレンタサイクルターミナルであれば乗捨ても自由です。

なんと細やかなサイトなのだ。そして、自治体の取り組みも、積極的ではないか。個人のサイトにも、しまなみ海道で撮った写真や、旅行記がある。島と島を結ぶ白い鉄橋が、じつに優雅で楽しそうだ。

これで行かぬとなると、男ではないな。

全長七〇キロなら、途中の大三島までは四〜五〇キロぐらいだろう。のんびり自転車を漕いで時速一五キロ。片道三時間弱とすれば、尾道を朝九時に出て、午後三時頃もどってこられる。ちょっと張り切れば、もっと早く着く。二時にもどってきて、尾道観光としゃれ込もう……。これは行かねばならない。瀬戸内海の風を感じに行こうではないか。

仕事とはいえ、こんなに楽しいことをしたら、罰が当たりそう……。

ただ心配なのは、九月三日は日曜日で、家族連れが殺到し、レンタサイクル屋さんの自転車が、一台もなくなってしまうのではないかということだ。

そこはぬかりない仕事人。インターネットで、自転車の予約をできることを、確認済みだ。クリックすると、残り五台とある。

「危ないところだった」

八月の末に、予約を済ませ、あとは当日、尾道の「しまなみ交流館」なる場所へ、行けばよいだけだ。

そして、いよいよ、当日がやってきた。

■いよいよしまなみ海道に……

日頃の行いが良いからだろう。抜けるような快晴である。

尾道の駅の脇《わき》で、尾道ラーメンを食し、旅行中捨てずにためておいた空のペットボトル三本に水を詰め（せこい？　そうではない。自動販売機がなかったら、大変なことになるではないか）、リュックに押し込み、「しまなみ交流館」に向かう。

なにしろ、日差しは真夏の太陽のようにきつい。脱水症だけは用心しなければならない（この年は記録的な残暑だった）。朝からラーメンを食べたのも、塩分補給のためである。このあたり、かわいげないほど冷静沈着である。

レンタサイクルは、交流館の近くの駐車場にあった。市役所の職員と思われる壮年の男性が、てきぱきと、事務手続きをとってくれる。

「大三島までは、普通の人で、だいたい片道四時間ぐらいですから」

という話だ。ま、家族連れならそのくらいだろう。こちらはちょっと足には自信があるから、三時間ぐらいで着くだろうなと、高をくくる。

「この場所に戻ってこられるのなら、夕方五時までにお願いします。もし五時までに帰ってこられないときは、かならず連絡を下さい。待っていなければなりませんので」

なるほど、地方公務員も、楽じゃない。途中でへたり込んで、帰れなくなる人もいるんだろうなあと、同情しきり。

ちなみに、自転車は途中の中継所に、乗り捨てもできる。それでも遅れる間抜けな人がいるんだと、妙に感心する。

親切な説明も終わり、最後に、

「それでは、お好きな自転車を選んでください」

とおっしゃるので、ぱっと、駐車場を振り返って、青ざめた。

「げっ、ママチャリ……？」

そうか、そうだよなあ。レンタサイクルって言ったら、ママチャリだよな。

サイクリング自転車は高嶺《たかね》の花としても、マウンテンバイク程度のものを貸してもらえるものと思いこんでいた。これは大きな勘違いだった。

そこで頭に浮かんだのは、「次善の策」だ。もらい受けた地図には、サイクリングロードが記されているが、それは、有料橋を渡って、すぐに一般道にでて、島巡りをして、また次の有料橋に登って、次の島に行くというコースが紹介してあった。それ

「一回有料道路に沿って大三島まで行って、時間と体力が残っていたら、帰りに途中の島々を見学しよう」

という魂胆である。これなら時間の計算も立ちやすい。

漕ぎ出してしまえば、ママチャリも、快適なものだった。第一、三段変速がついているから、いわば高級ママチャリである。颯爽《さっそう》と自転車に乗り込み、船着き場に向かう。

ただ、ひとつだけ気になったのは、残り五台のはずの自転車なのに、何十台と、余っていたことである。これは、どうにも不審だ。怪しすぎる。

「インターネットで予約するずるい人には、あと五台だけよ、ということか……」

と、ひとりで合点するほかはない。

いやいや待てよ。恐らくこのあと、楽しいしまなみ海道目指して、多くの家族連れが、あの駐車場に殺到するに決まっているのだ。自転車はすぐになくなって、

「なぜ走れないんだァ!!」

なら、

「毎回島に降りなければ楽ではないか」

という、手抜きである。

と客が詰め寄るのだ。妻は夫をなじり、子供は泣き叫び、阿鼻叫喚《あびきょうかん》とはこのことかというほどの惨状がくり広げられるに違いない。

ああ、やはり、予約しておいて、良かったのだ。

船着き場には、渡船が泊まっていて、船頭さんが、

「しまなみ海道？」

と、大声で尋ねているので、首を大きく縦に振ると、こっちこっち、という風に、手招きしている。船に乗り込むと、

「そうかあ、しまなみ海道かあ」

と船頭さん、妙にうれしそうで、ニヤニヤしている。向島《むかいしま》に渡ってからあとのしまなみ海道の道順を船頭さんが懇切ていねいに教えてくれた。

やっぱり、しまなみ海道の人たち、みんな、親切な人ばかりだなあ。

地元の人びとに混じって、向島に渡る。島を渡るといっても、海は隅田川《すみだがわ》よりも狭いのではないかという程度の幅である。あっという間に着く。いよいよ、サイクリングスタートである。

■しまなみ海道のいやな予感

土地勘と距離感がないというのは、じつに疲れるものだ。向島を半周し反対側に行かないと、有料道路の入口にたどり着けない。あとどのぐらい走ればたどり着くのか、まったく読めない。それに、島の景色は、意外にのっぺりしている。

どこまでも続くアスファルト。すぐ隣の島までは、それほど距離があるわけではなく、川のような海が横たわっている。少なくとも、感動するような光景ではない。

街路樹もなく、直射日光が照りつける。

自動車やトラックが、けっこうスピードを上げてすぐ横を走り抜けていくから、つい歩道を走ることになる。すると、「転がり抵抗」が大きくなって、足がくたびれる。

歩道だから段差がそこいら中にあって、そのたびに、腰を上げる。平らな歩道だけではなく、ちょっと小じゃれた余計な煉瓦《れんが》風の路面もあって、転がり抵抗が、いっそう増してくる。そんな悪路の連続だから、出発早々だんだん気が滅入ってきてしまった。

だいたい仕事もスポーツも、ペースを摑《つか》むまでが、まず疲れる。

真夏なみの太陽も、ありがた迷惑となった。二十分も走ったら、すでに腕が赤くなり始めた。ひりひり、焼けている。

表と裏を、交互に焼かないと、大変なことになりそうだ。

手の位置を変え、体位(?)をずらし、へんてこりんな格好をしながら焼く部位を変えていった。

いやな予感は、お尻《しり》にも感じていた。姿勢はほぼ直角だから、お尻の皮がすれる。大三島に着くまでに、皮がむけてしまったら、悲惨なことになる。十代のころ、初めてサイクリング自転車を買った時のことを思い出した。いきなり遠乗りをしたら、お尻の皮がむけてしまい、つらい目に遭ったのだ。

けれども、心配しても始まらない。とにかく、行けるところまで行ってみよう。

三十分ほど走っただろうか。ようやく有料道路に駆け上がる標高差五〇メートル弱の坂道である。

三段ギアは、あまり役に立たなかった。トップギアに入れたまま、立ち漕ぎで、一気に坂道を駆け上がった。

運動不足が祟《たた》って、けっこう息が切れる。

けれども、ここを登ってしまえば、あとは大三島まで、それほどアップダウンはないはず。自転車の通行料、百円を無人の料金箱に入れて、対岸を目指す。

ところが……。橋を渡り終えると、自転車道は、なぜか、続きがない。強制的に、島に下ろされる……。

「どういうこと？」

暑いのに、冷や汗が出てきた。ひょっとして、橋を渡ったら、あとは海岸線に降りて、島をぐるりと回っていかなければならないわけ？　有料道路の続きは、自動車専用？　島から島に渡るたびに、あの坂道を登らないといけないの？

■おそろしやしまなみ海道

呆然《ぼうぜん》としている脇を、ロードレーサー（という種類の、タイヤの細いプロ用の自転車です。ミズスマシのように時速三〇〜四〇キロで走行できます）に乗った一団が、走りすぎていった。

「え、なに？　ママチャリで行くの？　まじ？　ウソでしょ!!」

と、みんな同情と驚きの表情。ほんとうに驚いているのは、こっちなんですけど。

ふと気づいたのは、

「家族連れがレンタサイクルに乗って走っている牧歌的な光景を、まだぜんぜん見ていない」

ということ。

日曜日なのに、なぜ？

アホは私だけ？　騙《だま》されたわけ？　これってひょっとして、貧乏作家をはめるため
だけの大仕掛けな罠《わな》？

生口橋《いくちばし》を渡るころには、ヤケのやんぱち。通行料五〇円をしぶしぶ払いながら、

「ＥＴＣ、なぜ使えぬのだあ‼」

と、橋の上でわめくが、誰も聞いている人間はいない。

有料道路を、吾輩の自宅の愛車と同型同色の車が走り抜けていく。

「う～。車に乗りたい～」

大三島の手前、生口島の瀬戸田《せとだ》に着いたころには、目は空《うつ》ろで、亡霊のような状態
になっていた。

「なにやってんだろう。自転車のメリットってなに？」

と、自問するも、答えが見つからない。だって、ママチャリなんだもん。

「ふざけんなあ‼」

と、心が叫んでいる。

「あの、駐車場のお父さん。自分で、この自転車で、ここまで漕いできたことがあるのだろうか？」

ないだろうなあ。ないはずだよ。もし来ていたら、あんな楽しそうな顔して送り出すはずないもんなあ。もしオイラが明日から、あそこで働けと言われたら、坊主《ぼうず》の袈裟《けさ》着て、「南無阿弥陀仏《なむあみだぶつ》」って、念仏唱えてお客を送り出しちゃうもんね。

あの渡し船の船頭もグルだったのだ。恐ろしや、しまなみ海道。

やや、思考が妄想がかってきた。あぶないあぶない。

写真で見た橋の上から観《み》る景色も、綺麗《きれい》といえばきれいだが、坂道をようやくの思いで登ってきた疲労と、また坂を下らねばならぬという恐怖心が、景色を愛《め》でる余裕を奪うのだ。情けない。一度下ったら、また登らねばならぬという、気持ちで、暗澹《あんたん》となるのである。

尾道からは約三時間。気温は四十度近くまで上がっていたから、熱射病寸前。水分補給はしているのだが、塩分補給が間に合わなかった。飲食店らしい飲食店がなかったのだ。

かなり体は衰弱していた。瀬戸田に着いた時点で、大三島まで行くべきかどうか、迷いに迷った。無理をしたら、途中で倒れてしまうのではないかと、真剣に悩んだ。

大げさかもしれないが、大三島に行ったら、生きて帰れないかもしれないと、不安になったほどだ。けれども、ここまで来て、大山祇神社に行けないのは悔しい。そうだ。まずは塩分補給をしてみて、その時の状態で判断しようと考えた。

本当、かわいげないほどの冷静さだ。

■瀬戸内海の蛸《たこ》は格別な味

瀬戸田は、ちょっとした観光地で、耕三寺《こうさんじ》(浄土真宗《じょうどしんしゅう》)から港まで、門前町《もんぜんまち》のような形になっている。「門前町のような」と書いたのは、耕三寺が、昭和になってから造られた寺で、この街並みは正確には門前町ではないだろうからである。

寺の成り立ちの詳述は避けるが、西の東照宮《とうしょうぐう》と呼ばれるほど、入口のきらびやかさは異彩を放っている。

一瞬たじろぐほどの極彩色で、温泉街によくある「秘宝館」か何か、そういう類《たぐい》なのではないかと、一瞬目を疑った。

ただ、耕三寺は、日本各地に建てられた国宝級の建造物を模して、後世に残そうという発想で造られ、また、現代の名工を呼び寄せて造られたので、なかなか見応《みごた》えのあるお寺と言ってよい。神社仏閣というと、いかにも古色蒼然《そうぜん》としたイメージを抱きがちだが、完成当初をそのまま再現すれば、こういう絵柄になるわけである（ただし、耕三寺の入口周辺に限って言えば、江戸時代の色彩感覚かもしれないが）。

そう考えると、日本の過去の時点での「最先端に対する人びとの憧憬《どうけい》」がどのようなものだったのか、それを実感するためにも、この寺は存在価値があるかもしれない。

それはともかく、お寺の山門のすぐ脇の「たこ」の専門店に入る。『歴史街道』編集長の辰本氏が、「瀬戸内海に行ったら、蛸を食べない手はない」と、おっしゃっていたからだ。だから、蛸定食を頼んでみた。

なるほど、関東で食べる蛸とは、雲泥《うんでい》の差がある。これが瀬戸内海の蛸なのかと、感心しきりであった。

ただ、大好物の蛸の唐揚げは、注文できなかった。さすがに、脂《あぶら》っこいモノを口にする気になれない。

塩分補給が済んでみると、少し体が軽くなった。これなら、大三島まで行けそうだ。ただし、尾道に帰ることは、できないだろう。そこで作戦変更のための情報を仕入れておく必要がある。ことここに至っても、なぜオレは沈着冷静なのだろう。かわいくないなあ。

それはともかく、お店の仲居さんに、瀬戸田の港から三原《みはら》行きの、最終のフェリーの時間を確認した。大三島から帰ってきて、瀬戸田で自転車を返し、三原に出るという策である。

ちなみに、大三島からでも船は出ているのだが、三原ではなく、だいぶ西側に寄った竹原《たけはら》行きなので、これを利用するわけにはいかなかった。旅の荷物をJR三原駅のコインロッカーに預けてあるからだ。

すると、

「三原行きの船なら、夜の八時まで出ていますよ」

ということだった。

なんだ、余裕ではないか……。時計を見やると、まだ一時である。もし、船がはやく終わってしまうのなら、大三島行きをあきらめねばならぬが、これなら大丈夫だ。気分を入れ替えて、出発である。橋を渡るのも、これが最後と思うと、憂鬱《ゆううつ》も消える。

大三島に着いてから、大山祇神社に抜けるには、峠（三村峠）を越えなければならない。最後の難関だ。緩い坂道がいつまでも続く。水道タンクが見えてきて、ほっとした。島の水道タンクは、たいがい島で一番高い場所か集落よりも高い場所にある。峠が近いということだ。

峠を越えて、下り坂を自転車が疾走していく。けれども、だんだん憂鬱になってくる。

帰りに、これをまた登ってくると思っただけで、「早く下りが終わって欲しい」と願う。

そろそろ体力も限界に近づいているのだ。

瀬戸田から大山祇神社まで、一時間半。なんとか、今回の旅のもっとも重要なポイントまでたどり着くことができた。自転車を鳥居の前の空き地において、参拝である。ひざが腹を抱えて笑っている。

■大山祇神は海賊の親分

大三島は、愛媛県だから、行政区分で言うと、四国側の島である。けれども、どちらの陸地の方が近いかというと、広島県に軍配が上がる。瀬戸内海の地理は、それだけ入り組んでいるということだ。このあと、山陽本線ではなく、呉《くれ》線に乗って西を目指すことになるのだが、車窓から大三島は、ずっと眺めることができた。

大山祇神社の住所は、愛媛県今治市（旧・越智《おち》郡）大三島町宮浦《みやうら》で、主祭神は「渡しの大神」（『伊予国風土記』逸文《いつぶん》）の異名をとる大山祇神《おおやまづみ》（大山積神）。この一帯の海賊衆の親分のような神様である。

古い地名の「越智」は、古代のこの一帯を支配した「越智（小千《おち》）氏」の名に由来する。

「小千（小市）」は、古代の「国」のひとつで、「小千国造《おちのくにのみやつこ》」が治めていた。

大山祇神は、天皇家と深くかかわり、記紀神話に登場する由緒《ゆいしょ》正しい神である。また、海の民の崇拝を集めるのに、本人は海の神ではなく、山の神であるところに話の妙がある。

『日本書紀』の神話には次のようにある。

天照大神《あまてらすおおみかみ》の孫・天津彦彦火瓊瓊杵尊《あまつひこひこほのににぎのみこと》（以下ニニギ）が日向《ひむか》の襲《そ》の高千穂峯《たかちほのたけ》に舞い降り、丘づたいに笠狭碕《かささのみさき》（野間岬《のまみさき》）に歩いていくと、その国に美女がいた。名を問うと、鹿葦津姫《かしつひめ》（神吾田津姫《かむあたつひめ》、木花之開耶姫《このはなのさくやひめ》）と名乗ったので、

「あなたは誰の子ですか」

と問うと、

「私は、天神が大山祇神を娶《めと》って生まれた子です」

というので、ニニギは鹿葦津姫と結ばれた。一夜で孕《はら》んだので、ニニギは、「自分の子供ではない」と、疑った。現代風に言えば「認知を渋った」わけだ。

鹿葦津姫は怒り、恨み、扉のない産屋《うぶや》を造り、そこにこもって誓約《うけい》をし、

「もし、生まれ落ちる子が天孫の子でなければ、その子は火に焼かれて死ぬでしょう。もし子供が天孫の子なら、火に害されないでしょう」

といって、小屋に火をつけた。ここに生まれたのが、隼人《はやと》の祖の火闌降命《ほのすそりのみこと》（海幸《うみさち》彦《ひこ》）と、天皇家の祖の彦火火出見尊《ひこほほでみのみこと》（山幸彦《やまさちひこ》）、そして尾張《おわり》氏の祖の火明命《ほのあかりのみこと》であった。

『古事記』には、この話に尾ひれが付いている。

ニニギは野間岬で美女に出会う。名を問えば、木花之佐久夜毘売《このはなのさくやびめ》（木花之開耶姫）で、ニニギは、「結婚しよう」と持ちかけた。すると木花之佐久夜毘売は、

「父・大山津見神《おおやまつみのかみ》に相談します」

という。そこで使いを送ると、大山津見神は大いに喜び、木花之佐久夜毘売の姉の石長比売《いわながひめ》を副《そ》えて、差し出したのだった。

ところが、妹に比べて姉は醜く、ニニギは手をつけられず、そのまま送り返してし

まった。

大山津見神は大いに恥をかき、次のように伝えてきた。

「二人の娘を差し出したのには、ちゃんとしたわけがあったのです。もし石長比売をお召しいただければ、天つ神の御子の命は、岩のように、長く、いつまでも固く動かないであろうと、また、木花之佐久夜毘売をお召しいただければ、木の花が咲くように、栄えるだろうと思ったからです。木花之佐久夜毘売だけを娶られたからには、御子は桜の花のように、短命でありましょう」

と告げたというのである。そして、ニニギの末裔《まつえい》の天皇も、寿命は長くないのだという。

何やら恐ろしい話である。

■大山祇神は何者なのか

大山祇神はイザナギとイザナミの間に生まれた神として、神話の初期の段階で、一度登場している。だから、本来なら素性が定かな神ということになるのだが、大山祇神の出自について、いくつかの推論がある。

『伊予国風土記』逸文（『釈日本紀《しゃくにほんぎ》』所収）の「御嶋《みしま》」の段には、以下のような記事が載る。すなわち、乎知《おち》の郡《こおり》、御嶋に祀《まつ》られる神の御名は大山積《おおやまづみ》の神で、別名を和多《わた》志《し》の大神という。この神は、第十六代仁徳《にんとく》天皇の時代、百済《くだら》の国から渡ってきて、津の国の御嶋（大阪府高槻《たかつき》市三島江《みしまえ》の式内社三島鴨神社《みしまかもじんじゃ》）にはじめいたのだという。いま伊予の「御嶋」というのは、もともとは津の国の御嶋を指していた、という話である。

大阪の三島鴨神社の伝承でも、やはり同様の内容があるところから、一般にも、大山祇神は百済出身の神ではないかとする考えがある。

大山祇神社は日本の流通のヘソに位置していた「海の民の神」なのだから、彼ら海の民が、縦横無尽に大海原を暴れ回り、動き回っていたことはたしかなことだ。彼らにすれば、ヤマトの王も百済の王も、どちらも「商売上の取引相手」でしかなかっただろう。だからこそ、景行天皇は海の民に「ここを渡らせてください」と頼み込んだのだ。

そんな彼らが祀る神が、「海のむこうからやってきた」という話は、深く考える必要はないように思える。

日本列島の海人《あま》たちは、すでに縄文時代から中国大陸と往《い》き来《き》をしていたのであり、海人たちはボーダレスな人びとである。彼らを指して、「日本人であるか」あるいは「半島人であるのか」を決めるのは難しい問題で、また彼らが祀る祭神を、たった一つの伝承から「あちらの方」と判断することは、無駄な努力である。

それに、『日本書紀』の神話の別伝には、出雲の基礎を築いたスサノオは、最初新羅《しらぎ》に舞い降り、その後日本列島にやってきたと書かれている。このことから、スサノオは新羅出身とする説が根強いが、実際には、日本と朝鮮半島を往き来していた人々の神話化であったという話は、既に拙著『海峡を往還する神々』（PHP文庫）の中でした。

弥生時代から古墳時代にかけての倭人《わじん》は、朝鮮半島の鉄鉱石を求めて、盛んに海峡を渡っていた。彼らの活躍が、のちにスサノオやアメノヒボコという神々の活躍になったのではないかと推理したのである。

海の民の無国籍性は、瀬戸内海の西部の大豪族・越智氏のあり方によく表されている。

小千国造の「越智氏」の出自については、よく分からないところがある。大山祇神の末裔とする説、また、物部氏の祖の饒速日命《にぎはやひのみこと》の末裔とする説がある。

大山祇神社の境内には、神武東征《じんむとうせい》（南部九州の日向《ひむか》からヤマトへの東征）のおり同行した大山祇神の末裔の「小千命」が本殿正面の神木・クスノキを植えたとあって、この伝説は、「小千＝大山祇神の末裔説」を採っていることになる。

だが一般には、『先代旧事本紀《せんだいくじほんぎ》』と『新撰姓氏録《しんせんしょうじろく》』双方に「越智は物部の末裔」とあるところから、物部系氏族とする説が有力視されている。

その一方で、越智氏の伝承『予章記《よしょうき》』には、越智氏と白村江《はくそんこう》の戦《たたかい》（六六三）のかかわりや、中国の南側の「越《えつ》」とのつながりをうかがわせる伝承が散見できる。「越」は中国南部では「オチ」と読み、琉球《りゅうきゅう》諸島、鹿児島を介した、南方諸国とのつながりを想定することが可能だ。

ただし、大阪の三島鴨神社でもそうなのだが、「大山祇神」には、なぜか「物部」の影がちらつく。三島鴨神社の場合、物部韓国連《もののべのからくにのむらじ》が百済から大山祇神を奉斎してきたと伝えられている。東海地方に目を転じれば、静岡県三島市には、三嶋大社《みしまたいしゃ》があって大山祇神が祀られるが、この一帯の国造は、その昔物部系の人物が務めていた。海の民と物部氏には、目に見えない絆《きずな》が隠されているかのようだ。そして、だからこそ、物部と大山祇神は、至るところでつながってくるということだろう。

なお、しまなみ海道の大三島にはもうひとつ、宗方八幡《むなかたはちまん》神社があって、旧暦の六月十七日には、櫂伝馬《かいでんま》と呼ばれる祭りが執り行われる。神功皇后《じんぐうこうごう》が三韓征伐《さんかんせいばつ》に赴くとき、この近辺を通過すると聞いた島の若者が、船を出し、神功皇后らを先導した故事による。祭りといっても生半可な気持ちでは参加できない。漕《こ》ぎ手が力尽きるまで終わらないというから、それこそ、死に物狂いのレースである。

瀬戸内海は、古代から近世に至る間、流通の大動脈であり続けた。だから、われわれの知らない歴史が、数多く埋もれているのかもしれない。

■大山祇神社の甲冑《かっちゅう》の妖気《ようき》

大三島の大山祇神社が全国に名をとどろかせているのは、平安末〜中世の武具がこの神社に集中して存在するからでもある。

なにしろ、国宝、重要文化財に指定されている全国の武具の中で、八割は大山祇神社の所有物というから、半端な量ではない。

まず、国宝の鎧《よろい》は、次のようなものがある。源義経奉納の赤糸威鎧大袖付《あかいとおどしよろいおおそでつき》、源頼朝奉納の紫綾威鎧《むらさきあやおどしよろい》大袖付などなど。

武具だけではない。斉明天皇が百済出兵に際し奉納したとされる唐鏡《とうきょう》が残されている。それが国宝・禽獣葡萄鏡《きんじゅうぶどうきょう》である。

国宝以外の品物で印象に残ったのは、「巨大な刃物」だった。

とてもではないが、ひとりでは持てないだろうと思われる「薙刀《なぎなた》」や「刀」が、数多く展示されている。海賊たちは、相手の船に向かって、こんなに大きな刃物を振り回して威嚇《いかく》し、首をはねていたのだろうかと想像し、背筋が凍る思いだった。

それにしても、あの大きさ、長さは、想像を超えている。

ところで、国宝がずらりと陳列されている宝物館のもうひとつ奥の建物には、重要文化財クラスの甲冑が、ずらりと二列に向かい合って並んでいる。

薄暗い堂内の両側に、やや年代がかった木製の陳列棚。その中に、言葉を発するはずのない、主《あるじ》のいない甲冑が、ずらっと勢揃《せいぞろ》いしているのである。

入口に立って、すぐに分かるのは、

「で、で、で、出た〜……」

ということで、みんな、武将たちが、ここにたたずんでいるのだ。

押し黙ったまま（正確に言うと、「おおおお」と、低いうなり声が聞こえてきそうな、妖気である）、何やら目と目で軍議を開いているような、そういう空気が流れている。あまりにも生々しく、彼らが恨みを抱いていることまで、ひしひしと伝わってきた。

ばかばかしいと、思われる方も多かろう。けれども、

「だって、こっち見てるし……」

と、感じ取ってしまう人も、世の中にはいるのだ。科学的で合理的なことだけがすべてではなく、人智のおよばないことは、いくらでもある。

そういえば、金子みすゞも「星とたんぽぽ」の中で詠《うた》っているではないか。

見えぬけれどもあるんだよ、見えぬものでもあるんだよ

（『金子みすゞ童謡集』ハルキ文庫）

それもそうだが、武将たち、そこに、いるんだもん!! 感じるんだもん!! なんで、この妖気が、伝わらない人には分からないのだろう!! むしろ、そちらの方が不思議なくらい、強烈な妖気である。

ただし、人様が言うほど、彼らは恐ろしい存在ではない、ということも分かっていただきたい。

おそらく、歴史を生業《なりわい》にしている人間がやってきたから、いっせいに目を覚まし、

「われわれの思いを伝えて欲しい」

と訴えているのかもしれなかった。

■ウサギとカメの教訓が生きたのか？

事実、大山祇神社と大三島には、悲しい歴史が残されている。もちろん、ここが交易の交差点だからこそ、誰もがこの地を欲し、戦争が起きたのである。

けれども、大三島と水軍（海賊）の詳しい歴史については、いつか書く予定の四国編でふたたび触れようと思う。大三島や能島《のしま》といった、水軍や海賊たちの本拠地は、愛媛県側にあるからだ。

それよりも問題なのは、大山祇神社からの帰り道のことである。

さて、大山祇神社の宝物殿を出て、誰もいない休憩所で一休みして、一服していると、既に午後三時半を回っていた。

「瀬戸田には、最悪八時に帰ればよいのだから、あとは、楽しんで自転車を漕ごう」

と、そう決めた。船の最終に間に合えばよいのだから、特別急ぐ必要はない。瀬戸田からここまで、一時間半。どう計算しても、船に乗り遅れることはない。陽も傾き、少し涼しくなれば、海風も気持ちよかろう。

そう考えると、昼寝をしたくなってくる。安堵感《あんどかん》で、一気に疲れが噴き出してもくる。日焼けで体中がほてっていて、熱を持っている。微熱が出て、倦怠感《けんたいかん》が増してくる。

ぐったりして、しばらくぼーっとしたら、ウサギとカメの話を思い出した。こういうときは、何か悪いことが起きるものなのだ。

「あれ？」

いやな予感がした。

「ちょっと待てよ」

何か大きな勘違いをしているのではないか……。

たしかに、この地獄のような芸予諸島から抜け出すには、瀬戸田に八時に間に合えばよい。だが、自転車はどうする……。自転車、たしか五時までに返せって、そういう約束じゃなかったかな？

「ひょえ〜」

あわてて案内書を引っ張り出す。各島に置かれたレンタサイクルターミナルの終了時間を見やる。瀬戸田はというと、たしかに午後五時とある。時計を見れば、午後三時五〇分。あと一時間十分しかない……。ここまで往路が一時間半かかったということは……。

「間に合わないよ〜!!」

鼻で笑っていた「時間に間に合わぬ間抜けなやつ」って、オレのこと⁉

火事場の馬鹿力《ばかぢから》とは恐ろしい。

最大の難関、峠越え。前を行く高級そうなマウンテンバイクがどんどん目の前に近づいてくる。優雅に、ギア比を落として、楽ちんそうに漕いでいやがる。

あっという間に追い越した。こちら、トップギアで、立ち漕ぎのまま、鬼のような形相ですっ飛んでいく。

「えっ」

という、マウンテンバイクのお兄さんの驚きの横顔、しっかりキャッチ。坂道で、ママチャリに抜かれたら、恥だよね。

自分でも不思議なほどのスピード。

「これ、本当に上り坂？」

おお、そうとも、例の水道タンクが見えてきたではないか。神社から、数分しかからなかったような気がする。これを奇跡と言わずして、何が奇跡だろう。マウンテンバイクのお兄さんなど、もはやはるか後方に置き去りにしてやったわい。人間、追いつめられると、何をしでかすか分からない。

ここからはゆるやかな下り坂が、海岸線まで続く。ハンドルに上半身を突っ伏して、万有引力に身を任せる。体力温存である。

一回、標高〇《ゼロ》メートルまで下って、最後の最後に、多々羅大橋《たたらおおはし》まで駆け上がらなければならないのだ。この、最後の坂道がきつかった。

時間は間に合いそうだと安堵したところで、最後の坂道。とうとう足が動かなくなった。

結局、自転車を降りて手で押して、なんとか登り切った。

■悲しきかな呉線の絶景

瀬戸田に着いたときは、午後四時五〇分。間に合った。

レンタサイクルターミナルには、上品な中年の女性が待ちかまえていた。後光が差して、菩薩《ぼさつ》様に見えた。地獄からの生還である。

「尾道から、真っ直ぐここに来たんじゃないからね。大三島まで渡っているんだからね。大三島で、峠を越えて、大山祇神社でお化けにご挨拶《あいさつ》して、それから、もどってきたんだからね。だからこの時間になったわけ。ね。瀬戸田でリタイアしたわけではないからね」

と、言いたくて仕方なかったけど、ま、いい大人が泣き言言っても始まらない。ここは、ぐっとこらえて、黙って鍵《かぎ》を返した。

港までは、歩いて五分弱。けれども、歩く足がおぼつかない。途中、島の名物だという揚げたてのコロッケを売っていて、しきりに売り子が勧める。

「女優の○○さんも食べましたよ〜」

って、いうけれど、

「今コロッケ食べたら、吐くど!! 確実に吐くどお!!」

と、目で脅す。よほど真に迫っていたのか、目が血走っていたのか、売り子のお姉さん、後ずさりしていた。

ざまあみやがれ。

本土、三原にもどって、フェリーターミナルで、トマトジュースを飲んだ。甘露《かんろ》甘露。一生忘れられない味となった。

ただし、この話、まだ、オチがある。

このあと三原からどこに向かったかというと、呉《くれ》である。

呉の大和《やまと》ミュージアムを一目見ておきたいと願っていたから、JR呉線に飛び乗ったのだ。

山陽本線は尾道から三原にきて、山側にルートを採るのだが、呉線は海岸線をひた走る。

ちょうど夕暮れ時になった。まったく知識がなかったから、ぼうっと、車窓を見つめやった。

ところが、はたと気づくと、目の前は、黄金色に輝く海原ではないか。電車の窓から、瀬戸内海が目の前に見えるとは、夢にも思っていなかった。

多島海がのどかな光景を醸《かも》し出している。これは、絵に描いたような、イメージ通りの瀬戸内海の景色ではないか。

この感動と虚無感はなんだ!!

しまなみ海道を自転車で走るよりも、呉線の方が、どれだけきれいな景色にみえたことか……。しかも、目の前を、今日自転車で走った島々が、すべて見えている。あんなに苦労して行った大三島が、すぐそこにあるから、びっくりしてしまった。

「自転車に乗らなくても、竹原から大三島にフェリーで渡って、景色は呉線で観ればよかった!!」

それが、一日自転車をこぎ続けた末の答えであった。

もちろん、しまなみ海道をけなすつもりは毛頭無い。

いまだに、あのときいただいた「しまなみ海道サイクリングマップ」を見ると、懐《なつ》かしさで胸が熱くなるもの。

「シーブリーズを感じて海上サイクリング」

「眼下に広がる海のパノラマ」

「日本初の海峡を渡る自転車・歩行者道」

というマップのキャッチフレーズに、涙が止まらなくなる……。

う〜。なんとすばらしい、この宣伝文句。よくぞ思いついた。君は、コピーライターとして、大成するぞ!!

それよりもなによりも、これだけ感動する観光地は、そうめったやたらにあるものではない。一度は行かなければ、日本人失格である。いや人間失格と言ってもよい。絶対に行くべきである。これは、日本人としての義務と言っても過言ではないはずだ。

ただ、酷暑の中やってきたのが大きな間違いだったのだ。秋か春、もっと季節を選んで、またやってこようと、車窓を見つめながら、固くこぶしを握りしめ、心に誓ったのだった。今度はかならず、四国まで渡ってやろうと、瀬戸内海に、約束したのだった（と、本にはそう書いておこう）。

■P.S.……勇気をもって初めての告白？

瀬戸内しまなみ海道振興協議会会長殿に申し上げる。

「ママチャリ……？　ありえない。もっとまともな自転車用意して下さいね。レンタル代、倍でも三倍でも払うから」

もう一言、よろしいでしょうか。

「無辜《むこ》の民を殺す気か〜!!」

あしからず。

■追伸……これだけは書き残さねば、死ぬに死にきれない……？

おかげさまで、顔も腕も、真っ赤っかに焼けました。

「日焼けサロン代が浮いたからいいじゃないか」

って、そういうポジティブな発想も良いかもしれません。

けれども、東京に着いたあとが悲惨でした。ちょうど平日の夕暮れのラッシュ時だったのです。サラリーマンの方々には、「遊び人」が電車に乗ってくると、無意識のうちに、「押し殺してやる」という根性を持たれるという習癖があるようです。たしかに、こちらの顔はサーファー並みのてかり具合。腕も、皮がむけそう。しかも大荷物ときたら、これはもう、

「こんにゃろめ、俺たちが一生懸命働いているときに、グアムかサイパンで遊んできやがったな」

と、みなさん、判で押したように、敵意むき出し。特に、大きな荷物を持っていると、集中攻撃を喰らいます。満員電車に、大荷物は本当に「お荷物」だからです。

こちらはこちらで必死に、

「遊びじゃないってば。しまなみ海道だってば」

と、救いを求める「光線」を目から発するのですが、なかなか「しまなみ海道」の意味が分かってもらえないようでした。

結果、午後六時三〇分新宿発京王《けいおう》八王子行き京王線特急で、わたくしめ、サラリーマン饅頭《まんじゅう》に押され、圧死しました。

二重遭難事故だったのに新聞記事にならなかったので、ここで事件のあらましをご紹介した次第。

合掌

■さらに追伸……

あれからすでに十年の月日がたち、さすがにレンタサイクルの車種も、充実したようで、安心いたしました。

第四章

吉備の謎　物部の正体

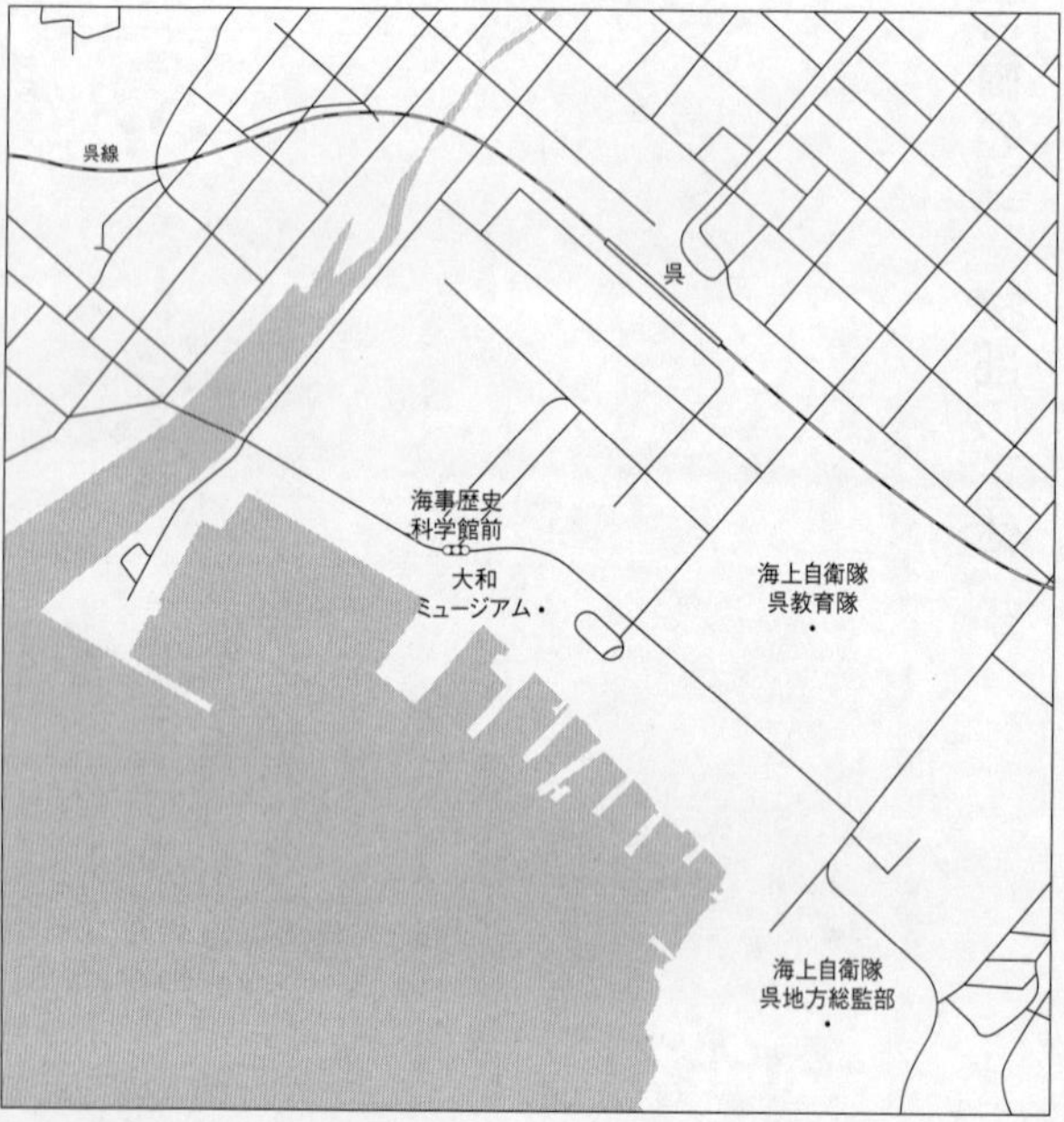

呉市・大和ミュージアム周辺

■山陽道の複雑な地形

さんざん悪口を言っているように思われるかもしれないが、しまなみ海道を走ってみて、瀬戸内海の面白さが、ようやくみえてきたのである。

西日本の大動脈が瀬戸内海である。けれども、皮肉なことに、瀬戸内海には、芸予《げいよ》諸島や関門《かんもん》海峡といった、「蛇口《じゃぐち》」が最初から備わっていたのだ。どこもかしこも、「海峡」と呼ぶにふさわしい海の隘路《あいろ》である。意地悪をして通せんぼうをしようとすれば、いつでも誰にでもできる困った動脈が、瀬戸内海である。

この「蛇口」の把手《とって》を誰が握るのか、それによって、「権力」と「権威」が移動するのである。

この複雑な航路があったからこそ、日本の歴史は難解になったと言っても過言ではなかったのだ。日本の歴史は、陸地の形を眺めているだけでは、見えるものも見えなくなってしまう。しまなみ海道の「狭い海」は、歴史の盲点なのである。

瀬戸内海の真ん中に立ってみて、はじめて分かったことはいくつもあった。まず、山陽道方面を眺めているると、多島海が、無限に続いているのではないかと思えてくる。それはなぜかというと、山陽道そのものが、まるで島のようで、複雑な岬の連続だからだ。つまり、くどいようだが山陽道には、平地がない。そうなると、人が移動するには、「船しかない」のであり、海賊どもの繁盛ぶりが理解できようというものである。

また、中国地方の海岸線には、道らしい道がなかっただろう。だからこそ、山陽本線は、三原《みはら》から先は、複雑な地形を避け、内陸部を通って広島に向かうのだ。そうはいっても、内陸部の地形も平坦《へいたん》ではない。山陽本線のこの、三原〜広島間は、路線内最大の勾配《こうばい》を駆け上らなければならないのである。

それはともかく、しまなみ海道を遠望して走る呉線は単線で、いくつものトンネルを掘って、ようやく開通したのだ。もともとは、広島と軍港の呉を結ぶための路線だった。その後も、瀬戸内海の軍事拠点を結ぶ路線として、活躍をした。やはり、鉄道と国策には、深い因果がある。

近年、呉線は、観光路線として注目されるようになって、「瀬戸内さざなみ線」という愛称が付けられた。呉には、戦艦大和《やまと》の十分の一のスケールの復元模型（全長二六・三メートル）を展示する大和ミュージアム（正式名称は「呉市海事歴史科学館」）

も平成十七（二〇〇五）年四月に完成し、これから呉線は、ちょっとしたブームになるかもしれない。

「え、呉線に乗ったことないの？　鉄道ファンなら、呉線は、ちょっとはずせないぜ」

と、吹聴《ふいちょう》してみたくなる路線なのだ。

大和ミュージアムに行かれるなら、広島からではなく、ぜひ三原から呉線に乗って、瀬戸内海の夕焼けを堪能《たんのう》してほしいものだ。そしてもちろん、その前に、しまなみ海道を自転車で駆け抜ける喜びを、感じ取らなければ、なんのためにこの世に生を受けたのか分からなくなってしまう（まだ言うか）。

■海人の楽園・呉

大和ミュージアムに行こうと思ったのは、PHP研究所の月刊誌『歴史街道』で特集を組んでいたのを見て、どうしても肉眼で確かめたくなったからである。

映画『男たちの大和』のヒットを受けて、ミュージアムも盛況らしい。呉の街も造船景気（リーマンショックの直前のことだ）で、何やら華やかな感じがする。

どうでもよい情報だが、『男たちの大和』の撮影に使った実寸大の戦艦大和のセットは、「しまなみ海道」の尾道《おのみち》の対岸、向島《むかいしま》に造られていたのだった。撮影後もしばらく残され、観光客が絶えなかったらしいが、小生が自転車で通りかかったときには、すでに跡形もなく消えていた。

呉の駅前のビジネスホテルに宿をとって、翌朝ミュージアムが開く前に、ホテルを出た。駅からは歩いて五分もかからない。

まだオープンには時間があったので、フェリーターミナルで、ぶらぶらしてみた。正面には大型船のドックがあって、巨大なタンカーが建造中である。海上自衛隊の船も、遠くに見える。

フェリーターミナルから見て右手の奥には、「大和波止場《はとば》」があって、ここが戦艦大和の艦橋《かんきょう》のすぐ下の第一副砲部分から先の実物大になっている。なるほど、こうして見てみると、さすがにでかい。

呉は、「水」と関わりが深い場所だ。古くは「水軍」の拠点となったし、近代に至っては、海軍の鎮守府《ちんじゅふ》が置かれ、また、世界最大の戦艦大和が造られた海軍工廠《こうしょう》（海軍直轄の工場）の存在で名高い。

すぐ近くに広島市があるのに、なぜ、呉が重視されたのだろう。それは、「海人《あま》」

の本能であろう。第一この問いは「陸」の人間が発する愚問であって、どう考えても、呉の方が港に適している。

呉は、芸予諸島に取り囲まれるようにしてたたずんでいる。まさに、多島海の中の小島のイメージであり、嵐《あらし》におそわれても、ここなら被害は最小限に防げるだろう。多くの島々が防波堤になってくれるからだ。呉は、海人にとっての止まり木であり、根城になりうるわけである。

地図を見ていると、巨大な戦艦大和が呉から外海に出るには、コースを選ばないと、底を擦りそうなイメージさえ湧《わ》いてくる。

ミュージアムの正面玄関の前には、実物の戦艦陸奥《むつ》の主砲身（四一センチ砲）や、碇《いかり》、スクリュー、主舵《しゅだ》が展示してあり、その大きさにまず度肝《どぎも》を抜かれる。ちなみに戦艦陸奥は、昭和十八年（一九四三）の六月に、呉港の沖合、柱島《はしらじま》に停泊中に、原因不明の大爆発を起こし、千人以上の犠牲者とともに、海の藻屑《もくず》と消えたことで知られている。戦時中とはいえ、なんとも痛ましい事件である。

昭和四十五年から八年間の引き揚げ作業で、船体の大部分が回収され、周防大島町《すおうおおしま》（山口県大島郡）の記念館に展示されている。

それはともかく、大和ミュージアムの開館とともに、戦艦大和にご対面である。

■過去の日本はすべて悪なのか

ミュージアムは、戦艦大和の十分の一の模型を中心に、いくつもの部屋に分かれている。

入ってすぐ左の展示室は、呉の歴史を紹介している。明治二十二年(一八八九)に呉鎮守府が置かれた時代からの町の発展を知ることができる。

展示室入口すぐ右側に鋼鉄の黒い塊があって、まず入館者を驚かす。何かと思いきや、戦艦金剛《こんごう》のボイラーである。金剛はイギリス製の軍艦で、開戦当時はすでに老朽化していたが、ボイラーを交換して、高速戦艦に生まれ変わり、のちに予想外の戦果を挙げることとなる。説明板を見落としたが、恐らくこのボイラーは、英国製の旧式のボイラーではなかろうか。というのも、金剛はその後、敵潜水艦の魚雷二本を喰らって、沈没しているからである。

やはり、戦争の時代を扱った博物館は、歴史を掘り下げていくに従って、いろいろと、悲惨な末路が見えてくるものだ。

この展示室の最後は、乗組員の遺品や、家族たちの証言を集めたコーナーで、なかなか考えさせる場になっている。

単なる「反戦」「厭戦《えんせん》」を訴える場ではない。そうではなく、当時の人びとの「生の声」「その場の空気」を忠実に再現しようと努力しているように思われる。まずは、この博物館の姿勢に、敬意を表したい。

ところで、戦後数十年を経て、なぜ今さら戦艦大和を展示する必要があるのかと、反発される方も少なくあるまい。戦争を礼賛《らいさん》するような戦艦の模型を復原する必要が、どこにあったのかと、反発する向きも多いはずだ。

それでなくとも、周辺諸国の日本に対するまなざしは、厳しくなる一方である。彼らにすれば、戦艦大和の登場は、「日本右傾化の象徴」と映るに違いない。

けれども「過去の日本はすべて悪」という決めつけは、皮相な見方である。たいがいの場合、人間の営みは、白黒で色分けできるほど単純ではない。過去の日本がなぜ戦争の道へ突き進んだのか、その理由も複雑で、はたして東アジア諸国が声を張り上げるように、日本人（あるいは軍部）が悪魔のような存在であったから、戦争がはじまったのかというと、首をかしげざるを得ない。

少し横道にそれるが、戦艦大和と戦争について、ここで考えておきたい。

■「ヤマト」の不思議

ここで、戦艦大和の「名前」に注目してみたい。

海軍の戦艦の名には、旧国名が当てられた。「武蔵《むさし》」や「陸奥」、「長門」などがそれだ。ちなみに、巡洋戦艦や一等巡洋艦には、「金剛」や「榛名《はるな》」など山の名が、駆逐艦には「春風」や「初雪」など天象気象の名が与えられたのである。

もちろん戦艦大和も、「大和国」にちなんで命名された。

ところで、「大和国」は現在の奈良県なのだが、京都府南部の旧国名「山城《やましろ》」も、戦艦の名前に採用されている。大正六年（一九一七）に就航した当時最大の戦艦であったが、太平洋戦争勃発《ぼっぱつ》時には、すでに旧式戦艦になっていた（レイテ沖海戦で沈没）。

不可解でならないのは、「山城」と「大和」の、日本人の受け止め方の差である。天皇家の歴史を通じて、山城（京都）が、もっとも長い間宮都としての役割を果たしてきた。一方「大和」は、すでに八世紀の末、「捨てられた都」になっていたはずだ。それにもかかわらず、日本人はなぜか、「山城」ではなく、「大和」という言葉に強く反応するのである。

レイテ沖海戦で、敵艦載機の攻撃に、戦艦武蔵はオトリとなり、戦艦大和を守ったという話を聞く。どこまで本当の話なのか、よく分からないが、対空防禦《ぼうぎょ》という点に関しても、戦艦大和が武蔵に先行して改良を加えていたことはたしかだった。やはり、戦艦大和は、どこか優遇されていた気配がある。

もし戦艦大和ではなく、戦艦山城であったならば、「この戦艦だけは沈めたくない」と、最後の最後まで温存していただろうか。

大和魂、大和撫子《なでしこ》という言葉がある。日本人の心根の美しさを表現するために使われるのだが、なぜ「大和」の二文字がここで使われるかというと、古くは日本をさして「ヤマト」と呼んでいたからだろう。

だが、それは遠い過去の話だ。七世紀末、すでに、日本国号が登場していたし、八世紀の末には平安京遷都によって、「大和国」は捨てられていたのである。それならば、「山城魂」「平安撫子」という言葉が生まれてもよかったはずだ。にもかかわらず、なぜ「大和魂」「大和撫子」は、日本語となって、今日まで通用しているのだろう。

戦艦大和の名に注目したのは、この「大和」の不思議な響きが、気になって仕方なかったからだ。

くどいようだが、戦艦大和の名は、旧大和国から取っている。ならばなぜ、日本人は、戦艦大和の最期《さいご》に強い悲劇性を感じ取り、「大和」に日本の命運を、重ねてみようとするのだろう。

それはおそらく、日本人の遺伝子の中に、「ヤマト」に対する郷愁の念がすり込まれているからではないかと思えてならない。ヤマトは日本人の心のふるさとなのであり、それはなぜなのかを探る旅が、この歴史紀行シリーズの大きなテーマのひとつでもある。だから戦艦大和を無視することはできないのである。

さて、戦艦大和は戦争中、日本のシンボルであった。日本の国力のすべてを注ぎ込み、世界最大の軍艦を完成させたのである。日本人の誇りであり、戦前の日本人の魂そのものであった。

戦艦大和は、沈むことのない戦艦と、信じられていたのである。けれども、完成時すでにこの戦艦は、無用の長物であった。なぜなら、大砲を撃ち合って雌雄を決する「大海戦」は、すでに時代遅れになっていたからだ。

巨砲が無駄になってしまったことを証明したのは、日本の航空隊であった。真珠湾でアメリカの艦船を徹底的に叩《たた》きつぶしただけではない。その二日後には、英国東洋艦隊の旗艦で、英国の誇りだった軍艦プリンス・オブ・ウェールズを、マレー沖で、海軍航空隊の航空機が、赤児の手をひねるようにして葬《ほうむ》り去ったのである（マレー沖海戦）。

もはや航空機の護衛のない戦艦など、オオカミの群れに囲まれた子羊になり果てていたのである。

それでも、日本海軍は、「戦艦大和だけは絶対に沈めるわけにはいかない」と、鉄の塊を、兵士の命よりも大切にして、「温存」していくのである。

一般に、このような海軍の行動は、「愚挙」として否定的に見られがちである。

けれども、この「理解し難き行動」の裏側には、明治時代以来の、日本人の心の「病巣《びょうそう》」が、横たわっているのではあるまいか。そしてその「狂気」にも似た心情を、戦後のインテリやマスコミが、鬼の首を取ったかのようにして責め立てるのは、けっして褒められた景色ではない。

■戦艦大和は薩長《さっちょう》のトラウマが作り上げた？

大和ミュージアムの戦艦大和は、あらゆる角度から見られるようになっている。半地下からビルの三階の高さまで、自由に移動できる。

艦橋付近の複雑に入り組んだ構造物も捨て難いが、やや斜め後ろから俯瞰《ふかん》した大和が、もっとも美しい。あまりに美しすぎて、ため息が出てきた。そしてそのあとに、思わず涙があふれてきた。

この「美」に包まれて、若い兵士たちは、帰ることのない戦に旅立っていったのである。彼らには、「日本を守る」という志があっただろう。けれども、待っていたのは、われわれが絶対に想像することのできない地獄絵巻だったはずだ。

「だから戦争は、やってはいけないのだ」

と、念仏のように「平和」を唱えるのはたやすい。

けれども、それでは、何も教訓を得ていないのと一緒ではないのか？

戦艦大和に涙した理由は、その美しさだけではない。鉄腕アトムの最終回を思い出してしまったからでもある。

鉄腕アトムは、太陽活動を抑えるためのカプセルを抱え、ひとりで太陽に向かうのである。それは、自己犠牲であり、人びとの幸福を祈りながら、アトムは灼熱《しゃくねつ》の太陽の中に消えていく。

もちろん、アトムは孤独な戦いを、戦艦大和は、「無駄死に」とされる戦を強いられたわけである。けれども、すくなくとも、そこに居合わせた若人たちは、「われわれが日本を救う」という使命に燃えていたことだけは信じたいし、それはほとんどの水兵たちの心情でもあったろう。

問題は、本当に彼らの行為が、「無駄死に」であったのか、愚かなことだったのか、である。

そもそも、なぜ日本は、無謀な戦いに、没頭していったのだろう。後から考えれば、兵站《へいたん》が切れた地域にまで、無謀にも戦線を拡大したのである。なぜ日本軍は、常識を逸脱した作戦を練り上げていったのだろう。それは、軍の上層部（官僚）がアホだったからなのか。ならば、国民は犠牲者なのか？　それに、本当に、中国や韓国が決めつけるように、日本だけが「悪魔」だったから、あのような無惨《むざん》な戦争が始まったのだろうか。

もちろん、「日本は悪くなかった!!」と、なりふり構わず主張するつもりはない。けれども、ただ少なくとも、単純に善悪を決められる問題ではないといいたいのである。

日本の軍隊を育て上げたのは、倒幕を主導した幕末の薩摩と長州、二大派閥である。彼らのトラウマは、共通のところに隠されている。それは、西欧列強の艦隊と、砲弾を撃ち交わした、ということである。もちろん、「攘夷戦《じょういせん》」は、コテンパンにやられて幕を下ろした。

　敗因もはっきりとしている。「大砲の射程距離の差」である。いくら狙《ねら》い澄まして、射かけても、敵の艦船はすばやく射程の外側に逃げ、そこから雨あられと、砲弾を注ぎ込むわけだ。これでは、いくら剣術の腕を磨いても、根性を入れてかかっても、勝てるわけがない。

　錦江湾《きんこうわん》と馬関《ばかん》海峡（関門海峡）で、薩摩と長州はそれぞれ、「大砲の射程の差」が何を生み出すのか、これを徹底的に脳みそにたたき込まれたわけである。そして、西欧列強が示した「強い者が、弱い者を呑《の》みこんでいく」というルールを、学び取ったのである。

　薩長のトラウマは、そのまま日米開戦時まで継承されたように思う。戦艦大和の誕生も、このトラウマと無関係であるはずがない。

　一方、唯一《ゆいいつ》、「もう大砲の時代ではない」と、航空機の優位性を主張し、戦艦大和の建造に反対し、海軍で異端の位置に留まっていたのが、山本五十六《やまもといそろく》である。

　山本五十六が大砲に見切りを付けたのも、深い歴史に裏打ちされているように思う。なぜなら、幕末に薩長連合に痛めつけられた越後長岡藩の家老職の末裔《まつえい》が山本五十六（山本家に養子に入った）だからだ。なんともできすぎの構図ではあるが、「射程」というトラウマを負っていない山本の冷徹な判断があったからこそ、世界を震撼《しんかん》させた「プリンス・オブ・ウェールズの撃沈」があったわけである。

逆に、「射程」と「巨砲」にとことんこだわる「薩長閥」の発想が、いったい何を根拠にしているのか、生前の山本五十六には、見当が付かなかったのではなかろうか（まさか、その発端が関門海峡にあったとは!! やはり関門海峡は因縁めいている！）。

余談までに言っておくと、幕末の長岡藩で思い浮かべるのは、河井継之助《かわいつぐのすけ》で、この人物は最先端の武器を用意し、官軍をさんざん苦しめたが、当初、長岡藩の門閥勢から異端視されていたらしい。ただ、山本五十六の「山本家」は、河井を擁護していたという。このあたり、すでに長岡の山本家には、新進の気風というものが備わっていたのかもしれない。

それはともかく、戦艦大和の根っこの根っこは、錦江湾と馬関海峡にある。薩摩も長州も、「射程距離の差」にやられたのだ。そして、このトラウマにもう少し薬味が加えられ、戦艦大和が完成したように思えてならない。

それは何かといえば、「差別される黄色人種」である。

■キリスト教文明に否定されたアジアの文明

夏目漱石《なつめそうせき》が英国留学中に、神経衰弱になったのは有名な話。その原因のひとつは、黄色人種に対する偏見であったことも、またよく知られている話だ。

現代のヨーロッパでも、実際に足を踏み入れてみれば、そこかしこで差別を感じるが、帝国主義が大手を振って歩いていた時代、白人キリスト教世界から見れば、黄色人種などの有色人種は、一段下に見られていた（くどいようだが、偏見はいまだに残っている）。

西欧列強は十九世紀後半、日本に大砲を突きつけ、彼らの都合の良いように条約を締結した。これが不平等条約と呼ばれるもので、なぜこのような不公平を日本側が甘受したかというと、「武力で圧倒された」からである。しかも、「キリスト教徒が多くの未開人を教化するために各地を支配する」という帝国主義が罷《まか》り通っていたから、白人社会から見て最遠の地・東アジアは、彼らの最後の草刈り場になったのである。

ただし、アジアの中で一番早く近代化に成功した日本は、西欧列強の真似《まね》を始めた。近代化に遅れた国々に、新しい文明の息吹を吹き込むことで、教化し、支配下に組み込もうとしたわけである。

だが、ここに大きな落とし穴があった。それは、日本人がキリスト教徒でも白人でもなかったことである。

日露《にちろ》戦争が始まる十年ほど前のロシアの新聞（「ノーヴォエ・ヴレーミャ」一八九五年四月二十一日）には、日清《にっしん》戦争に勝利した日本を罵倒《ばとう》する次のような記事が載っていた。当時の白人社会が、日本をどのように見ていたのか、その参考になるので、長くなるが、引用する。

ロシアは黄色人種の文明など認めていないので、偶然の勝利によって勢いづいた野望の膨張を押し止めなければならない。わが国にとって、またヨーロッパのキリスト教諸国にとって、朝鮮に文明を導入しようなどという日本の野心はお笑い草でありナンセンスだ。日本での文明開化推進者の理性だとか人道的感覚というものは、いかに彼らがヨーロッパのお手本を完璧《かんぺき》に学ぼうとも、文明化の道を朝鮮に本当に歩ませることができるなどとは考えられない。（中略）われわれは声を大にして朝鮮保護統治に対する自分の権利を主張しなければならない。そして、この権利と義務がロシアのものであるのはごく当然だ、ということを否定するような声は、ヨーロッパにおいてさえもおそらく見つからないだろう。ヨーロッパのキリスト教諸国はこの問題の全般的な意義を理解するだろう。つまり、どんなに開化された異教であっても、意識の高いキリスト教徒にとってそれはキリスト教文明の高みよりはるかに低いものであり、キリスト教文明と対等な地位を主張するなどもってのほかだ、ということだ。「これ［キリスト教］にて汝《なんじ》は勝つであろう」があくまでも世界の先頭に立つ旗印であるべきだ。（国際ニュース事典出版委員会、毎日コミュニケーションズ『外国新聞に見る日本』マイナビ出版）

もちろん当時、朝鮮半島の利権を巡って日本とロシアはにらみ合いと駆け引きをくり広げていたから、言葉が過激になるのも無理はない。だが、この辛辣《しんらつ》な言葉の中には、黄色人種に対する白人社会の共通認識が隠されているのではあるまいか。

追いつめられた日本人

そしてここに、近代日本の「大きな過《あやま》ちと悲劇」の本当の意味がはっきりとする。西欧列強はアジアに触手をのばし、「強い者勝ち」の論理を示した。だがここにいう

「強い者」とは、「白人」で、「キリスト教徒」の中の「強い者」なのであり、黄色人種である日本人が、真似をしたばかりに、西欧列強の反発を買ったのだ。

さらには中国は中国で、「西洋の物真似をする倭人《わじん》」（実際に当時の中国の新聞は、日本人を蔑称《べっしょう》で呼んでいた）と、蔑《さげす》んでいたわけである。

中国の考えは、簡単だ。二千年近くにもわたって、日本は中国の下に位置していたわけである。見下していた弟分の「倭国」が、西欧の正義を振りかざし、西欧と同様、中国に触手をのばしてきたのだ。白人に打ちのめされ続けてきた中国は、ようやくここで、目を覚ます。そして、八つ当たりの相手を日本に求め、溜飲《りゅういん》を下げようとしたのである。

アメリカも、中国市場には魅力を感じていたから、日本が地の利を生かして東アジアに進出することを恐れていた。

ＡＢＣＤ包囲網は、これら、西欧列強と中国の思惑が合致して出現したのであり、それぞれの利害が交錯して生まれた、日本潰《つぶ》しの図式にほかならない。

幕末以来続いた「日本いじめ」という歴史の流れの集大成が、ＡＢＣＤ包囲網であり、日本人の心の奥底にたまりにたまったマグマは、一気に噴出する。日本はここに追いつめられ、熱狂し、戦争に猪突《ちょとつ》するのである。

日本人が暴走するきっかけは確かにあった。それが明治三十八年（一九〇五）九月に勃発した日比谷焼打《ひびややきうち》事件である。

日露戦争終結後締結された日露講和条約（ポーツマス条約）は、日本側に不利な条件だった。日本は戦争には勝ったが、戦線は延びきり、これ以上戦う余裕はなかった。この弱みを突かれ、朝鮮半島と満州《まんしゅう》南部の権益を維持することと引き替えに、大幅に譲歩せざるを得なかったのである。

この講和に際し、ロシア側の代表ウィッテは小躍りして喜び、「勝利宣言」をしている（もちろん講和における優位性を述べているのだが）。これに対し、小村寿太郎《こむらじゅたろう》を筆頭とする日本側の代表団は、沈痛な面持ちであったという。これでは、なんのための戦争だったのかという思いが、国民に芽生える恐れがあった。

余談ながら、なぜ日本とロシアが戦争をしたのかといえば、ロシアが不凍港を求めて南下政策を採ったこと、朝鮮半島の利権を巡り、日本と対立したからだ。もし、戦争が起きていなければ、朝鮮半島は間違いなくロシアの植民地になっていたのである。さらに余談ながら、このときイギリスは日本に肩入れしたが、それはなぜかというと、東アジアにおけるロシアの影響力の増大を恐れてのことだ。誰もが、東アジアでおいしい思いをしたかったのである。

■日比谷焼打事件の原因

それはともかく、「実情を知らない国民」にとっては、不利な条件の講和は、理解できないことだったろう。事実、このいち帰国した小村を待ちかまえていたのは、国民の罵倒であった。

大阪朝日新聞をはじめ、当時のマスコミも「条約破棄」を主張し、政府の弱腰を攻撃したのだった。結果、九月五日を迎える。

タカ派の対露同志会らが、東京の日比谷公園で、講和条約反対国民大会を計画。呼応した民衆は数万人に達し、収拾がつかなくなった。会そのものは、三十分ほどで終わったが、その後、民衆は暴走した。内相《ないしょう》官邸、警察署、派出所、交番、キリスト教会、その他諸々《もろもろ》が破壊されていった。

翌日になっても混乱はおさまらず、ついに政府は、戒厳令を発令し、近衛《このえ》師団《しだん》が出動したのである。

このいち東京では事態はいったん収拾されるが、混乱は地方に飛び火し、大きな潮流を巻き起こしていったのである。

なぜ民衆は、暴徒と化したのだろう。タカ派団体の扇動があったとはいえ、それに「悪のり」するだけの下地が、民衆の側に備わっていたわけであり、その原因こそ、大問題である。

ここで、明治維新以来民衆に課せられてきた大きな負担に注目しておく必要がある。まず、幕末には、数隻《せき》の艦隊の到来に怯《おび》えていた日本が、たった数十年で、なぜ大国ロシアと戦い、薄氷を踏む思いとはいえ勝利することができたのかといえば、明治維新以来の富国強兵政策の結果である。西欧列強の砲艦外交に対抗するには、軍備の近代化が欠かせないと判断した明治政府は、国民に重税を課し、兵器調達に専念した。そのうえ日露戦争では、多くの若い命が失われた。だから、国民にすれば、それまでの苦労に対する不満がたまっていたわけである。

しかも、幕末以来、日本は西欧列強の理不尽な条約締結を味わい、また、その後も「黄色人種に対する差別」を経験していく。その中での対露戦勝利である。国民が熱狂し、理不尽な条約締結に憤慨するのも無理はない。

だが、日比谷焼打事件は、こののちの歴史に大きな禍根を残すこととなる。というのも、軍部が増長し暴走を始めるのは、日比谷焼打事件ののちのことだからである。

こうして日本人は道を踏み外していったのである。

「だが、目の前にある戦艦大和の美しさは、なぜだ……」

呉の大和ミュージアムに行って、大きく悩んだ。

■日本人の三つ子の魂

明治維新によって、過去の日本は捨て去られた。日本的で庶民的な信仰（具体的にいうと修験道《しゅげんどう》なのだが）は「低俗な迷信」として、忌避され、日本のインテリたちは、西洋の文明を絶対視し、日本的な文化と歴史を恥じたのである。

これは「過去の喪失」であった。そして、恋い憧《あこが》れた西洋文明は、キリスト教徒の一神教的な独善であることに気づくことなく、その原理を読みまちがえたために、白人社会から冷笑され、東アジアの人びとには蔑まれたのである。

ここに日本人は平衡感覚を失い、猪突《ちょとつ》するのである。

けれども、その狂気の奥底に沈殿する日本人としての「美学」が、救いを求めて頭をもたげたのではあるまいか。それが戦艦大和であり、日本人が、この狂気の末路への悲しい予感を宿しながら、「せめて美しくありたい」という、地獄で垣間見《かいまみ》たかすかな希望が、蘇《よみがえ》った日本民族の三つ子の魂であり、日本的な美学だったのではなかろうか。その結晶が戦艦大和なのである。

すでに時代遅れとなった戦艦に固執したのも、合理的な戦闘機による破壊戦よりも、「せめて美しく散っていきたい」という、一種の倒錯した美学が心の奥底に芽生えたからではなかったか。これは、西洋文明に対する抵抗とみえなくもない。

そして戦艦大和とともに消えていった多くの若者たちも、「散りゆく美」というキーワードだけが救いである。

けっして、戦争を美化しようとは思わないし、二度と戦争が起きてはならないと思う。これは誰もが抱く、当然の願いである。けれども人間は、時に平常心を失うことがある。個人だけではなく、民族が、そして国家が、常軌を逸した行動を起こすことがあるのだ。この事実を、われわれは忘れてはならない。けれどもその背景には、長い長い、歴史の積み重ねが隠されていることも、肝に銘じておく必要がある。

日本人が悪魔のような存在だったから、暴発したわけではない。まじめで勤勉だからこそ、屈辱に耐えきれず、自らを見失って、精神の均衡を保つことができなくなったのである。

戦艦大和が狂気にも似た美しさを湛《たた》えるのは、まさに、近代日本の歩んできた道のりそのものだからである。

戦艦大和を目の前にして、涙があふれてくるとは、思ってもみなかった。けれども、ここに、われらの親や、祖父たちの、懸命に生き抜いた時代の、悲しみが、宿っているように思えてならなかった。

大和ミュージアムはけっして、戦争讃美《さんび》の場ではない。十分の一の姿に再現された戦艦大和は、戦争とは何かを語りかけてくる。そしておそらく、戦艦大和の乗組員たちが、「目を逸らさずに、見つめ直して欲しい」と、われわれに問いかけているように思えてならないのである。

さて、呉をあとにして、広島に向かった。

高校の修学旅行で、広島平和記念資料館を訪ねて以来の広島である。日本人なら、一度は訪ねておかなければならない場所でもある。いや、全世界の人びとが、広島にやってきて欲しい。人間の狂気が、いったい何を引き起こすのか、その事実のみを、確認しておく必要があるからだ。

それは、誰が悪いとか、誰の責任というものでもない。人間の本質の中に隠された惨《むご》たらしい残虐性《ざんぎゃくせい》を、正視するべきである。この「負」の性質を持つがゆえに、人間は自らを弁護し、「正義」という名の独善を産み落とさざるを得なかったのである。だから、「正義」を振りかざす輩《やから》を、そうやすやすと信じてはいけないことにも気づかされる。「正義」に熱狂する大衆も、恐ろしい。

広島駅で、ふとプラットホームに目をやると、「地層」を発見した。

旧国鉄のホームのなかには、列車の時代の低いホームから、徐々に積み重ねて、電車の時代の高いホームに作り替えていて、その痕跡《こんせき》が、しっかりと残っている場所がある（電車は床の下にモーターを組み込む関係上、人の乗り込むスペースが、古い客車と比べて高くなっている）。そして広島駅も、歴史を示す地層があった。しかも、下の段が、黒く焼けただれたような色に見える。

たまたま通りかかった若い駅員さんに、その部分を指さして、

「あれは戦前からのホームですか」

と尋ねると、「えっ」という風に、ホームを見やって、

「ああ、そうです」と答えて立ち去っていった。

原爆の災いを被《こうむ》ったプラットホームが、朽ちることなく、今も人びとの足元を支えている。

これはちょっとした驚きだった。思わず、心の中で、手を合わせてみた。惨状をつぶさに目撃していた石畳である。人びとの叫び声と涙が、この石畳に、染みついているような気がして胸が締め付けられた。

そして、見事に復興した広島の街の姿に、人間の力強さを、改めて思い知らされたのである。

■歴史から抹殺された吉備の正体

そろそろ、話を山陽道の古代史に戻そう。

瀬戸内海が、単なる流通ルートではないことは、ようやくご理解いただけたのではないだろうか。

山に山賊が現れるように、瀬戸内海は、海賊の巣で、容易に通行することのできない魔界だった。

潮の流れが速く、しかも島嶼《とうしょ》の間をすり抜ける潮流は複雑で、地元の海人でなければ、往生することは間違いなかった。けれども、日本列島の流通を考えた場合、瀬戸内海は、避けては通れない道なのであり、この海を制した者が、ヤマトの王にもっとも相応《ふさわ》しかったのである。

そして、瀬戸内海を制するための最大のポイントが吉備であった。潮の満ち引きが、吉備のあたりで入れ替わること、また、瀬戸内海から山陰に抜ける吉備からの陸路も、大きな意味を持っていただろう。弥生時代には、サヌカイトの流通に、このルートが利用されていたのである。

だからこそ、弥生時代後期の吉備は急速に発展し、特殊器台形土器《とくしゅきだいがたどき》と特殊壺形土器《とくしゅつぼがたどき》を生み出し、巨大な墳丘墓に首長を祀《まつ》ったわけである。

この吉備で生まれた宗教儀礼は、ヤマトに持ち込まれ、纒向《まきむく》遺跡が出現した。考古学の物証は、ヤマト建国の中心に吉備が立っていたと訴えているのである。

ところが『日本書紀』は、ヤマト建国に吉備を参加させなかった。その代わり、天皇家誕生の前段階に神話を用意し、「出雲《いずも》の神VS天津神《あまつかみ》」という図式を示すだけで、真相を煙《けむ》に巻いたのである。

では、「実在した吉備」は、いったいどこに消えてしまったというのだろう。

じつは、この謎《なぞ》については、すでに、『古代史謎解き紀行』シリーズの中で何度も語ってきた(出雲編、九州編)。実在した「吉備出身の豪族」は、古代最大の豪族・物部《もののべ》氏ではないかと指摘したのである。

私見通り物部氏が吉備出身であったとすれば、瀬戸内海の歴史も、大きく様変わりする。ヤマト建国における瀬戸内海の活躍と重要性が、朝廷の文書からきれいさっぱり抜け落ちてしまったのも、古代最大の豪族「物部氏＝吉備」が、三世紀から八世紀までのヤマトの歴史を「知りすぎていた」からではないかと思いいたるのである。

古代史の原典である『日本書紀』が完成したのは西暦七二〇年。その直前、物部氏の最後の大物宰相・石上《いそのかみの》（物部）麻呂《まろ》が、陰謀にはめられ失脚し、憤死している。ここに、ヤマトの基礎を築いた物部氏は、没落する。

古代社会は、「物部」を中心に回っていたと言っても過言ではなく、天皇家の祭祀《さいし》形態は、物部氏の手で造られ、今日にまで継承されている可能性が高い。だから八世紀の物部潰しは、「大政変」、「王朝交替」と言い換えることも可能だ。なんとなれば、石上麻呂を罠《わな》にはめた藤原不比等《ふひと》の末裔藤原氏は、こののち「日本を代表する貴族」となり、千年の繁栄を誇るからである。

政権を奪取した藤原氏にすれば、物部氏の過去の栄光は、できれば隠匿《いんとく》したい歴史であったはずだ。だからこそ『日本書紀』は、物部氏の祖神の素性を闇《やみ》に葬ったのだろう。消し去られたのは、「物部の正体」と、「瀬戸内海の重要性」である。

このように、物部氏の栄光の歴史を暴《あば》くことは、瀬戸内海の歴史を再現することにも通じているはずだ。そこで、物部氏と吉備の関係を、簡潔に説明しておきたい。

物部氏の正体について、これまで、多くの仮説が提出されてきた。

「物部」と書いて「もののふ」とも読まれていたことから、物部氏は朝廷の「武」にかかわる氏族と考えられていた。だが、次第に、見方が変わってきている。大嘗祭《だいじょうさい》などの天皇家の祭祀で、他の豪族には例のない形で、重用されていることから、「祭祀」や「儀礼」と関わりの深い豪族という括《くく》り方も増えてきたのである。

また、直木孝次郎《なおきこうじろう》氏や三品彰英《みしなあきひで》氏のように、「物部」の名からして、「部」を管理する役割を担《にな》わされていることを重要視する考えもある。五世紀後半から六世紀初頭にかけて、まず部民制《べみんせい》が確立され、そのあとに「物部氏」が誕生したとするのである。

けれども、仮に「物部」の名が五世紀後半から六世紀初頭の代物としても、では「それ以前の物部」が、取るに足らない氏族だったのかというと、大いに疑問である。なぜなら、もし、六世紀以前の物部氏がほとんど力を持っていなかったのだとすると、なぜ物部氏の祖がヤマト建国の功労者であるかのように記録されているのだろう。物部の過去が、それほどの文飾を受けているのか、その理由がはっきりとしなくなってしまうからである。

物部氏は『日本書紀』が編纂《へんさん》される直前、没落していて、それ以降、この一族は、かつての栄光を、一度も取り戻していない。

仮に物部氏が、六世紀以前の一族の系譜を捏造《ねつぞう》したとして、なぜその「ウソ八百」を、『日本書紀』が取りあげる必要があったというのだろう。

そうなるといっそうのこと、「物部以前の物部の正体」を知りたいところである。

■物部はどこからやってきたのか

田中卓《たなかすぐる》氏は、『日本国家の成立と諸氏族』(国書刊行会)の中で、饒速日命《にぎはやひのみこと》のヤマト降臨伝説が、『日本書紀』のみならず『古事記』双方にみられ、しかも矛盾がないのだから、説話としてきわめて合理的、と指摘している。しかも物部系の伝承『先代旧《せんだいく》事本紀《じほんぎ》』は、饒速日命の降臨をニニギ(天津彦彦火瓊瓊杵尊《あまつひこひこほのににぎのみこと》。天照大神《あまてらすおおみかみ》の孫で、天孫降臨した皇祖神)に先立つものに位置づけ、不穏当な発言をしている。それにもかかわらず平安朝は『先代旧事本紀』をむしろ重視しているところから、物部氏の降臨伝説は無視できないと指摘している。

田中卓氏の発想は自然である。直木氏らの指摘は、ただたんに、ヤマト建国にまつわる『日本書紀』の記述はあてにならないという発想から出発しているに過ぎない。物部氏の始祖伝承が、神話じみた神武《じんむ》東征《とうせい》とからんで出てきたから、かえって信用できないとするニュアンスが隠されているのだ。

だが、神武東征は、なにかしらの史実を元に書かれていることは、他の拙著の中で、繰り返し述べてきた。戦後史学界は「科学的、合理的」な事象を絶対視し、神話や説話的なものを、一切切り捨ててきたから、せっかくの貴重な「お話」の裏側を読み解くことができなかっただけである。

それはともかく、もう少し違う視点から、物部氏の出自を述べる人びとがいる。それが、物部氏が最初北部九州にいて、神武東征よりも早くに、ヤマトに東遷《とうせん》していたのではないかという考えである。

理由は、北部九州にいくつもの物部密集地帯があるからである。弥生時代から古墳時代にかけて、多くの先進の文物は、まず朝鮮半島から北部九州に持ち込まれ、東に運ばれた。だから九州は常に最先端地帯であり、もっとも富を蓄えた地域であった。だから、ヤマト建国後の文物は、すべて「西→東（九州→ヤマト）」という流れで見ようとするのだ。物部氏も同様に、九州で富を蓄え、ヤマトに移動したのだろうという考えだ。物部東遷説である。

物部東遷説は北部九州にあった邪馬台国《やまたいこく》が東遷してヤマトになったという邪馬台国東遷説と密接に関わっている。

最初にこの考えを提出したのは、明治時代の白鳥庫吉《しらとりくらきち》で、さらに大正時代に和辻哲郎《わつじてつろう》が唱えて、大いにもてはやされたものだ。

戦後になっても、邪馬台国東遷説と物部東遷説は、根強い支持を受けた。

鳥越憲三郎《とりごえけんざぶろう》氏は、弥生時代の早い段階で、九州北部の遠賀川《おんががわ》の土器が東に広まっていたこと（遠賀川式土器）、物部氏が遠賀川周辺に密集していることから、この土器を東に持っていったのは物部氏だと推理した。そしてこのとき、すでに物部氏には、全国制覇という野望があったとするのである。

さらに、『日本書紀』には、饒速日命がヤマトに舞い降りたとき、「虚空見《そらみ》つ日本《やまとの》国《くに》」と述べているところから、「ヤマトの物部王朝」こそ、邪馬台国にほかならないと考えたのである。

鳥越氏は、『女王卑弥呼《ひみこ》の国』（中公叢書《そうしょ》）の中で、このあたりの事情を、次のようにまとめている。

彼ら物部系の全氏族は弥生時代初頭、北部九州の遠賀川流域から河内《かわち》・大和へ、稲作をもたらした最初の部族として東遷した。そのときすでに全国制覇の目的を抱いて、瀬戸内海や四国の要衝の地をはじめ、河内・大和一円に配備した一族の全居住地と、その任務を明らかにし得たことは特筆すべき収穫であったと思う。そして弥生時代中期には大和で建国し、東海地方へも領域をひろげ、さらに後期初めには北部九州の奴《な》国《こく》を制圧して、紀元二三九年に中国の魏朝へ朝貢《ちょうこう》するまでに成長した。

もちろん今後、新たな文献史料や考古学的資料の発見によって、部分的に修正補筆されるところがあるであろうが、「邪馬台国」が「物部王朝」であったことは変わらないものと信じている。

けれども、これらの推理は、今日では、もはや時代遅れである。弥生時代後期に、ヤマトに基盤を持ち、西日本のほとんどを制圧する勢力が存在したとは考えられないからである。弥生時代後期のヤマトは、むしろ後進地帯であった。

■瀬戸内海を支配する物部氏

太田亮《おおたりょう》氏は『高良山史《こうらさんし》』（石橋財団）の中で、「物部は福岡県久留米《くるめ》市付近の出身」と、力説する。

太田氏は、『日本書紀』の中で物部氏が「天神《あまつかみ》」と呼ばれていること、やはり「天神」である天皇家が九州からヤマトに向かっていたことから、物部氏も九州の出身にほかならないとする。

では九州のどこかというと、まず、豊前《ぶぜん》、筑前《ちくぜん》の物部密集地帯の人びとは、古くからこの地に住んでいたのではなく、六世紀の初頭にヤマトからやってきたという。つまり、継体《けいたい》朝の磐井《いわい》の乱に際し、物部麁鹿火《もののべのあらかひ》が遣わされたことに起因しているという。

それよりも大切なのは、福岡県久留米市の高良大社だ、と太田氏はいう。ここでは物部氏の氏神《うじがみ》を祀っていること、佐賀県には配偶神《はいぐう》の河上大明神《かわかみだいみょうじん》が祀られることから、物部氏は筑後川《ちくごがわ》流域の出身ではないかと推理し、神武東征よりも早くヤマトに移ったのだろうと推理したわけである。

もうひとり、物部氏について興味深い指摘をしているのが黛《まゆずみ》弘道《ひろみち》氏だ。黛氏は太田亮氏の考えをほぼなぞったうえで、物部系の文書『先代旧事本紀』に記された饒速日命の降臨伝説に注目した。そこには、多くの「物部の縁者」が登場していて、彼らの出身地を、丹念に調べ上げたのである。

まず、「筑紫聞《つくしのきく》　物部《のもののべ》」ら、北部九州にかかわりの深い物部系豪族が存在する。瀬戸内海の周辺にも、物部氏が密集していると黛氏は説く（『物部・蘇我氏と古代王権』吉川弘文館）。

まず、関門海峡の両側に「物部」がにらみをきかせている。下関《しものせき》は古くは「赤間《あかま》」と呼ばれていたが、これは、「赤間物部《あかまのもののべ》」がいたからだという。

瀬戸内海を東に行き、しまなみ海道の周辺にも、物部氏が密集する。愛媛県の高縄《たかなわ》半島は以前は「越智郡《おち》」と呼ばれていた。越智国造は物部系だった。「越智氏」は海の民で、村上水軍の祖らも、越智氏の配下で戦っている。

この半島の西半分は風速郡《かざはやのこおり》といい、やはり物部系の風速氏が国造に任命されている。今治市《いまばり》のやや南には式内社の布都神社《ふつじんじゃ》があって、韴霊《ふつのみたま》を祀っていた。詳述は避けるが、「フツ」は物部氏と関わりがある。

愛媛県の反対側、山陽道の広島県(安芸国《あきのくに》)にも、物部氏の拠点がある。風速氏が、海の両側を押さえていたようだ。

瀬戸内海の交通の要衝には、かならず物部の拠点が設けられていた。東側に目を移すと、播磨《はりま》の明石郡《あかし》の明石海峡のほど近くには、式内社の物部神社があって、播磨物部を祀っていた。対岸の淡路島にも物部郷があり、物部神社が祀られる。こうしてみてくると瀬戸内海は、物部だらけだ。伊予の野間《のま》氏も、物部同族である。

■時代遅れとなった物部東遷説

このように、瀬戸内海の要衝に物部が拠点を構えているのは、九州からヤマトに通じる流通を支配するための布石にほかならない。もちろん、「物部」が北部九州からヤマトに移ったからこそ、こういう陣地とりが行われたというのが、これまでの一般的な考え方であった。

物部東遷説を語る上で、もうひとり避けて通れないのが、『白鳥伝説』（集英社文庫）の谷川健一《たにがわけんいち》氏である。

谷川氏は、まず、邪馬台国のありかを、久留米市御井《みい》（高良山の麓《ふもと》）であったとし、筑後一帯には、物部系の神社が密集し、物部系の氏族が多数見受けられることから、邪馬台国の領域と物部の勢力基盤は、ほぼ重なっていたと推理した。

その上で谷川氏は、奥野正男《おくのまさお》氏の弥生中期後半から後期前半までに、青銅器の鋳造技術者が、北部九州から畿内に移動しているのではないかという推理（『考古学から見た邪馬台国の東遷』毎日新聞社）を重視し、この技術者集団、工人の東遷は、物部氏の東遷にほかならないとしたのである。

その証拠に、物部氏は金属と深く関わっていたとする。たとえば『古事記』の天《あま》の岩屋戸《いわやど》神話には、「鍛人《かぬち》の天津麻羅《あまつまら》が鏡を造った」という記事があって、「マラ」といえば、鍛冶冶金《かじやきん》と関連を持つが、物部一族には、「マウラ」や「マラ」の名のつく者が散見できる。

また、物部同族に「伊福部氏《いふくべ》」がいるが、「伊福部」の名は、やはり金属と関連がある。「呪術《じゅじゅつ》をもって風を強めることのできること」から、「気吹部臣《いふくべのおみ》」の名を賜《たまわ》ったという話があって、気吹部は、金属冶金に用いる「フイゴ」であろうというのだ。

では、いつごろ物部は北部九州からヤマトに東遷したのかというと、二世紀後半の「倭国大乱」のさなか、つまり、邪馬台国の女王卑弥呼が共立される直前ではないかとするのが、谷川氏の推理なのである。

このような、邪馬台国東遷論や物部東遷論は、多くの支持を受けてきたものだ。しかし、考古学の進展によって時代遅れになってしまった。なぜなら、弥生時代後期からヤマト建国に至る吉備と出雲の「大きさ」が分かってくると、「何もかもが北部九州からやってきた」とする従来の「共通認識」「常識」は、改める必要がでてきたからである。

さらに付け加えれば、『日本書紀』や『古事記』には、神武天皇が北部九州からやってきたとはどこにも書かれていない。北部九州は「立ち寄った場所」であって、天皇家の祖は南部九州からやってきたと『日本書紀』は記録している。なぜ通説は、この記事を、無視したままなのだろう。

■物部氏は吉備からやってきた

では、物部氏はいったいどこから来たのか、ということになる。

じつは、物部は吉備出身だったのではないかというのが、出雲編や九州編で述べてきたことだ。その理由も、挙げておいた。その論旨を、簡単にまとめておこう。

さて、かつて私見は、物部氏は出雲からやってきたのではないかと推理していた。その理由の第一は、出雲神と物部氏に、かすかな接点が見いだせたからである。

たとえば原田常治《はらだつねじ》氏は、『古代日本正史』(同志社)の中で、神社伝承から古代史を探り直せないかと考え、また出雲の神々について、興味深い推理を働かせ、物部は出雲神の末裔《まつえい》と判断している。

原田氏が、多くの古代史ファンを驚かせたのは、出雲の国譲りの直前にヤマトに舞い降りた出雲神・大物主神の正体は、物部氏の祖の饒速日命だったとしたからである。

根拠は何かというと、饒速日命の諡号《しごう》に、天照国照彦火明櫛玉饒速日命《あまてるくにてるひこほあかりくしたまにぎはやひのみこと》があること、かたや大物主神の諡号に、「櫛甕玉《くしみかたま》」を付けて祀る神社が存在すること、さらには、物部系の文書『先代旧事本紀』の中で、物部氏のみならず、大物主神の末裔・大三輪《おおみわ》氏らの系譜も、詳細に語られていることなどから、物部氏の祖神・饒速日命と出雲神・大物主神を、結びつけて考えたわけである。

私見も原田説に大いに触発されて、出雲＝物部説を、支持してきた。ところが、次第に、

「誤っているのではないか」

と思うようになってきた。というのも、ヤマト建国の詳細が考古学によって明らかになってみると、ヤマト建国の中心に立っていたのは「出雲」ではなかった可能性が高くなってきたからだ。むしろ「吉備」の強い働きかけがあったことがはっきりとしてきたのである。

そして問題は、「誰も吉備の活躍を後世に残そうとはしなかった」ことなのである。ひょっとして、「吉備」の正体は、隠されてしまったのではないか……。そして、ヤマト建国の歴史は出雲の国譲りと天孫降臨神話、そして神武東征説話に描かれたものの、肝腎《かんじん》の「吉備」の正体は、抹殺《まっさつ》されてしまったのではないかと思えるようになってきたのである。

では、抹殺された吉備は、跡形もなく消え去ってしまったのだろうか。そうではなく、「物部」こそが、「吉備」の正体だったのではないかと思えるようになってきたの

である。

■吉備で祀られていた物部の神宝《かんだから》

なぜそのようなことが言えるのか、『古代史謎解き紀行Ⅱ 神々の故郷出雲編』では、その理由を、おおまかに二つあげておいた。

まず第一に、物部氏の氏神を祀る石上神宮《いそのかみじんぐう》（奈良県天理市《てんり》）が、遠い因縁で吉備とかかわりを持っている。つながりを確かめるには、少し説明が必要である。

石上神宮の主祭神は、布都御魂神《ふつのみたま》、布留御魂神《ふるのみたま》、布都斯御魂神《ふつしのみたま》で、宇摩志麻治命《うましまじのみこと》らが配祀されている。ただし、もともとの祭神は、布都御魂神一座《いちざ》だったとされている。

では、物部氏の祀るもっとも大切な神・布都御魂神とは何者なのだろうか。

布都御魂神は、記紀神話には、「霊剣《れいけん》」として登場している。武甕槌神《たけみかづちのかみ》が葦原中国《あしはらのなかつくに》を平定するときに使われた剣で（平国之剣《くにむけしつるぎ》とも）、神武の東征に際し、熊野で神の毒気に当たったとき、この剣を手に入れ救われる（師霊）。この剣を神武は物部氏の祖の可美真手命《うましまでのみこと》（宇摩志麻治命）に授け、神武には可美真手命から、饒速日命が持ち来った十種《とくさ》の神宝が献上されたというのである。

物部氏はのちに、布都御魂神を石上神宮に移し祀ったのだという。

ところで、この石上神宮には、『日本書紀』神代上第八段一書第二に登場する神宝が祀られている。それは、スサノオが八岐大蛇《やまたのおろち》を斬《き》った「蛇《おろち》の麁正《あらまさ》」である。

ただし、『日本書紀』の別伝には、この剣が「吉備《きび》の神部《かむとものお》の許《ところ》」にあると記録してある。これは吉備の石上布都魂神社《いそのかみふつみたまじんじゃ》（岡山県赤磐《あかいわ》市石上）で、のちに、霊剣はここから奈良の石上神宮に遷《うつ》されたらしい。

石上布都魂神社の伝承によれば、この神社の祭神は、もともとは布都御魂神ではなく、十握剣《とつかのつるぎ》であったという。じつは十握剣は、スサノオが八岐大蛇を退治したときに用いた霊剣であり、ようするに「蛇の麁正」と同じ剣なのだから、布都御魂神と十握剣は、異名同体だった疑いがある。

いずれにせよ、これら、物部氏にかかわりのある霊剣が、出雲や吉備とかかわりを持つこと、吉備に「石上」の名を冠する神社の存在することも、興味深い。出雲の神宝がなぜ出雲にとどまらなかったのかについては、のちに触れるが、これに物部がからんでいたことは確かで、そうなると、吉備に神宝を祀ったのは、物部氏であった可能性が高くなる。

■物部が河内を重視した理由

物部氏はヤマトの盆地ではなく、奈良の西方の山脈を下って、大阪側の河内に拠点を設けていた。

物部氏といえば思い出すのは、六世紀後半、蘇我氏と仏教導入を巡って争った物部《もののべの》守屋《もりや》だ。守屋は蘇我馬子《そがのうまこ》の兵に囲まれ滅亡するが、これは河内（大阪府八尾《やお》市）で起きた事件である。

いつか書く大阪編で詳しい話はするが、河内からは、三世紀の特殊器台形土器や、吉備の土器が出土している。ヤマト建国の前後、河内は「吉備」の勢力圏に入っていたようだ。それはそうだろう。ヤマト（纒向）に都を造るとすれば、吉備は河内を通ってヤマトの盆地に入らなければならない。通路となる河内を確保することが、吉備にとって、戦略上もっとも重要なことだったのだ。

そうなると、「河内を重視した物部」は、瀬戸内海を意識した豪族であったことがはっきりとする。その証拠に、瀬戸内海の要衝に物部氏が楔《くさび》を打ち込んでいたのだから、物部の発想は、「吉備」とそっくりなのだ。

物部と吉備を結びつける接点は、まだまだ沢山ある。

たとえば、ヤマト建国の象徴は前方後円墳だが、なぜ「墓の形」が大切かというと（厳密に言うと形だけではないのだが）、弥生時代後期に各地でてんでんばらばらだった「埋葬様式」が統一されたからである。これは、信仰形態のゆるやかな統合であり、大王《おおきみ》（のちの天皇）を頂点とする「国が束ねる祭祀」が整い、地方の首長たちもこれを受け入れていったことを意味する。

問題は、すでに触れたように、この新たな埋葬文化にもっとも大きな影響力を及ぼしていたのが「吉備」だったことで、政治を「まつりごと」と呼んでいた時代の「まつり（宗教観）」に吉備が強い影響を与えた事実を無視するわけにはいかない。

一方物部氏も、「ヤマトの儀礼や信仰形態」には、他の豪族には見られない特殊な役割を果たしている。

『先代旧事本紀』には、ヤマト建国の直後、物部氏の祖の宇摩志麻治命が、朝廷の儀式や儀礼を整えたとあり、また物部氏は、大嘗祭などの大王家の重要な祭祀に、参加している。このようなことは、他の豪族にはけっしてあり得なかったことだ。

これは、物部の勢力が強かったから、祭りに参加することを許されたというレベルの話ではない。

吉野裕子《よしのひろこ》氏は、物部氏の祭祀形態を、天皇家が継承していると指摘している。物部氏の信仰形態が、大王家の祭祀に大いに影響を与えたのであり、この点、物部と吉備は、そっくりといえよう。

■出雲いじめに走った吉備と物部

物部と吉備を結びつける証拠は、もうひとつある。それが、ヤマト建国の直後、どちらも「出雲いじめ」に走っていることだ。

まず、吉備の出雲いじめは、「四道将軍《しどうしょうぐん》」の話として、登場している。

第十代崇神《すじん》天皇の十年九月に、四人の将軍が、各地に遣わされている。大彦命《おおびこのみこと》（開化天皇の兄）が北陸に、武渟川別命《たけぬなかわわけのみこと》（大彦命の子）が東海に、丹波道主命《たにわのみちぬしのみこと》（開化天皇の孫）が丹波に、そして吉備津彦命《きびつひこ》が西道《にしのみち》（山陽道）に、向かったのである。

ここに登場する吉備津彦命が、桃太郎伝説のモデルとなったことは、すでに触れた。

問題は、四道将軍が派遣された「崇神朝」が、ヤマトの黎明期《れいめいき》だった可能性が高いこと、さらに、東海と北陸に向かった二人の将軍は、東西から内陸部に進出し、会津若《あいづわか》松《まつ》市付近で落ち合ったということ、そうなると、山陰と山陽に遣わされた二人の将軍も、西日本のどこかで合流していた可能性が高いことだ。そして、山陽道に遣わされた吉備津彦命が、吉備と何らかのかかわりを持ったであろうことは確かだろうし、出雲に侵攻していた疑いも強いのである。

それはなぜかというと、同じく西側に差し向けられた丹波道主命の名に「丹波」という地名が明記されていて、しかも、「丹波道主命は丹波に行った」と書かれていること、両者が合流するにしても、「真ん中」を取ると、山陰側になる計算だからだ。

そうなると、吉備津彦命の征討戦は、山陽道から出雲方面にかけての活躍だったことを、『日本書紀』は暗示していることになる。

実際、ヤマト建国直後の出雲は没落していたようなのだ。これは、残された遺物からも察しが付く。

巨大な四隅突出型《よすみとっしゅつがた》墳丘墓を造営していた出雲の首長層が、ヤマト建国後、なぜかヤマトの象徴である前方後円墳を受け入れず、規模の小さな前方後方墳《ぜんぽうこうほうふん》を造営していくのである。

なぜヤマト建国に際し、主役級の活躍を見せながら、出雲は没落していったのだろう。その理由は、最終章で明らかにするが、少なくとも、何者かが出雲に圧力をかけ、窮地に追い込んだことは確かであり、それが「吉備」であった可能性は高いのである。

■出雲を封じ込めた物部

ここでふたたびはっきりさせておきたいのは、「吉備」と「物部」の関係である。これまで述べてきたように、ヤマト建国後の「吉備」は、「西を成敗《せいばい》する者（ヤマトから見て、西側）」として描かれてきた。じつを言うと、この「吉備」の姿は、「物部」にそっくりなのである。

ヤマト建国直後の「物部」の行動は、謎に満ちている。もっとも象徴的な例が、島根県大田《おおだ》市の物部神社の伝承である。

大田市は、島根県だが「出雲」ではない。島根県は旧国名に直すと、東の「出雲」と西の「石見《いわみ》」に分かれる。物部神社は、二つの国の国境付近に築かれ、石見国の領域に含まれる。

神社の伝承によれば、宇摩志麻遅命は、同族の尾張《おわり》氏の祖の天香具山命《あまのかぐやまのみこと》と新潟（弥彦《やひこ》）に赴き、天香具山命がその地に留まり、宇摩志麻遅命は、石見の国にやってきたという。そして、この地に住みつき、物部神社となったわけである。

宇摩志麻遅命は、神武の東征に際し、伯父の長髄彦《ながすねひこ》を殺して、恭順したのであり、神武は「物部の祖」を寵愛《ちょうあい》したはずなのである。この話が本当なら、「物部の祖」はヤマトに留まり権力の中枢《ちゅうすう》に居座るべきであった。それにもかかわらず、なぜ宇摩志麻遅命は、ヤマトを飛び出したのだろう。

これは逼塞《ひっそく》か、それとも、何かの魂胆があってのことなのだろうか。

ここで天香具山命と宇摩志麻遅命の立った場所を改めて見つめ直せば、それが四隅突出型墳丘墓の文化圏を挟み込むようにしていることがはっきりとする。つまり、弥生時代後期の「出雲の勢力圏」を、すっぽりと包み込んでしまったわけである。

これは、出雲の流通を制約するための、「ヤマトの意志」だったのではないかと思えてくる。なぜなら、「ヤマト建国直後の出雲いじめ」は、『日本書紀』にも記録されているからである。

第十代崇神天皇の時代の話だ（くどいようだが、崇神天皇は、ヤマト黎明期の大王なのだから、これはヤマト建国前後の話と考えられる）。天皇は出雲の神宝を見てみたいと思いつき、矢田部造《やたべのみやつこ》の遠祖・武諸隅《たけもろすみ》を出雲に遣わし、神宝を献上させることとした。

出雲では、出雲国造家《いずもこくそう》の祖の出雲振根《いずものふるね》が神宝を管理していたが、このときたまたま筑紫に出かけていて留守で、弟の飯入根《いいいりね》が、武諸隅に神宝を献上してしまった。

出雲に戻った出雲振根は、弟の話を聞いて激怒し、止屋《やむや》の淵《ふち》で水浴びをした際、弟をだまし討ちにしてしまったのである。

この事件を受けて、ヤマトから将軍が派遣され、出雲振根は討ち取られてしまったのだという。

■吉備と物部とヤマトタケルのつながり

ここで問題となるのは二点だ。

まず、出雲に遣わされた武諸隅は、物部系だったということである。垂仁《すいにん》二十六年にも、やはり出雲の神宝を検校《けんぎょう》（検査し監督すること。祭祀権を剝奪《はくだつ》することでもある）するという記事があって、ここで出雲に遣わされたのは、物部十千根大連《もののべのとおちねのおおむらじ》で、やはり「出雲いじめ」に物部が深くかかわっていたことが分かる。

さらに、もうひとつの問題は、出雲振根征伐に遣わされた吉備津彦命《きびつひこのみこと》が、まさに西道に遣わされた四道将軍であったこと、「吉備」が「出雲いじめ」に加わっていたという事実である。

このように、「出雲」をいじめていたのは、「物部」と「吉備」で、これは偶然ではあるまい。

もうひとつ余計なことを付け加えておくと、出雲いじめに走った人物がもうひとりいたことで、それがヤマトタケルだった。しかも、この人物が「吉備」とかかわりを持っていたから、無視できないのである。

あまり知られていないが、ヤマトタケルは九州のクマソタケルを成敗したその足で、出雲に立ち寄り、イズモタケルをだまし討ちにしている。その手口が、出雲振根が弟を殺す場面とそっくりなのだが、なぜ話が似ているかといえば、おなじ「出雲いじめ」がモチーフになっているからだろう。

しかも、ヤマトタケルの系譜が、微妙に「吉備」と関わっているから無視できない。

ヤマトタケルの母は播磨稲日大郎姫《はりまのいなびのおおいらつめ》で、『古事記』はこの女人の父は吉備臣らの祖・若建吉備津日子命《わかたけきびつひこのみこと》といい、これは『日本書紀』では吉備津彦命（彦《ひこ》五十《い》狭芹彦《させりびこの》命《みこと》）の弟の稚武彦命《わかたけひこのみこと》にあたる。吉備津彦命と稚武彦命の姉に倭迹迹日百襲姫命《やまとととひももそひめのみこと》がいて、この女人は大物主神の妻になったことで知られるが、箸中山《はしなかやま》古墳（箸墓《はしはか》）に葬《ほうむ》られたことでも知られている。その箸中山古墳こそ、「吉備の特殊器台形土器」がはじめて持ち込まれた前方後円墳として知られる。

ヤマトタケルは「吉備の人脈」に囲まれているのであり、ヤマトタケルの「出雲いじめ」は、「吉備の血」がさせたのであろう。つまり、「吉備の出雲いじめ」を神話化したものが、ヤマトタケルと考えられる。

このように、ヤマト建国ののち、出雲はヤマトにいじめられ衰弱するのだが、先頭に立っていたのが「物部」や「吉備」であった事実を無視することはできない。

考古学は、ヤマト建国の中心に「吉備」が立っていたことを明らかにした。ところが『日本書紀』は、ヤマト建国を出雲神話と天孫降臨、そして神武東征、崇神天皇の話に分解した上で、「吉備」の姿をもみ消してしまったのである。

その一方で、『日本書紀』は、「物部は神武よりも先にヤマトにやってきて王になっていた」と書き、また「神武東征を手助けした功労者は物部」と証言している。

これまで、「物部は北部九州からやってきた」という常識が罷《まか》り通ってきたから、この『日本書紀』の記述も、「北部九州がヤマトを建国した」ことを暗示していると考えられてきたのだ。だが、そうではなく、「物部」の正体は「吉備」であった可能性が高く、この新たな視点でヤマト建国を見直すと、多くの謎が解けてくるのである。

そこで最終章では、吉備＝瀬戸内海がヤマト建国の中心に立っていたこと、だからこそ出雲は邪魔者にされ、その後、吉備が衰弱するその様子を、はっきりとさせてみようと思う。

第五章

没落する瀬戸内海・吉備

高砂市

■突然お好み焼きが食べたくなって

広島駅のホームの話の続きを少々。とは言っても、「食」の話だ。

広島駅に着いたときはちょうど昼飯時だったので、本場の広島焼きを食べてみたいと、ガイドブックを開いてみた。

以前広島を訪ねたとき、太刀魚《たちうお》や白身魚の刺身のうまさに仰天したことを思い出したが、辛いものがつい食べたくなって、暑さも忘れて、「濃いめのソース味」が恋しくてたまらなくなった。

ガイドブックに紹介されている店は、どこも駅から繁華街の方に少し入ったところだった。面倒くさいし、ガイドブックに紹介されている店も、あまりあてにならない。

そこで、勘を頼りに、ぶらぶら歩いて探してみることにした。

改札を出て左手を見やると、市場のような一角がある。そこに紛れ込むと、すぐ左手に、ちょうどいい按配《あんばい》の庶民的なカウンターの店を発見。

「ちょっと、運命的？」

と、勝手に思い入れを込めた。まだ暖簾《のれん》は出ていなかった。けれどもすでに十二時を回っていたから、そろそろ開くだろうと高をくくった。

「やってますかあ」

と声をかけると、中から、厳《いか》めしい顔の御主人が、「どうぞ」というように、暖簾を持って現れた。

カウンターに座ると、正面には、「憲法改正に反対する云々《うんぬん》」のポスターがでかでかと掲げられている。

さすがに広島……。先制パンチを食らったような衝撃である。まさかお好み焼き屋で、過去の悲劇の傷痕《きずあと》を垣間見《かいまみ》るとは思ってもいなかった。

(この気迫に惑わされまいぞ)

と、意味のないことを思いつつ、腕組みをした。

メニューが壁に貼《は》ってあるが、よく意味が分からない(どのように書いてあったかも忘れてしまった)。どうやって注文すれば良いのか分からない。けれども、書いてある言葉は、義務教育を受けていれば分かる。それで適当に注文してみると、御主人、あきれたような顔で、

「兄さん、県外の人？」

と、ぶっきらぼうに問いただしてきた。

「はい」

というようにうなずくと、御主人が、お説教をするように、「広島流お好み焼きの注文システム」をご伝授下さった。

（なんでこちらが恐縮せねばならぬのだ？）

とは思いつつも、いかんせん気が弱いもので、つい背筋をピンと伸ばし、愛想笑いをしてしまった（情けない……）。

店が開くと、客がどんどん入ってきた。どの客も、地元の常連さんだ。

ひとり、またひとりと、馴染《なじ》み客が現れるたびに、無愛想なはずの御主人の人格が豹変《ひょうへん》し、冗談が飛び交っている。

（これが広島流、いじめなのか？）

と勘ぐってはいけない。居心地の悪さも、気にしていてはいけない。「地方」で「よそ者」が市民権を得るには、並大抵の苦労では済まないことなど、大人になれば、誰でも心得ているではないか。観光客が行かないようなこういう店を選んだところから、覚悟していたはずだ。これは、試練である。おいしいものにありつくための、当然の代価である。

■お好み焼きは広島に限る?

それに、こういう、「初対面は無愛想な男」というものは、意外に内側に飛び込めば、「本当にいいやつ」であることが多い。この人も、長くつきあえば、絶対にいい人なのだ。そうでなければやっていられない。そうに決まっているではないか。

ただ問題は、どう考えても年下のこの御主人が、こちらを「兄さん」と呼び、敬意の微塵《みじん》も感じ取れないことであった。

ま、これも当然のことであった。けっして若くはないのに若くみられるこちらがいけないのだ。男が年相応にみられないというのは、ちょっとした悲劇である。

しかもこのときの相貌は、「楽園帰りのサーファー野郎風」だったから、真剣に働く者の、「義俠心《ぎきょうしん》」をくすぐったのかもしれなかった。じつにタイミングが悪い。

こういうのは、珍しくない。講演会の語り手として招かれて、当日受付に行き、

「関ですが」

と申し出ると、

「は？　どちらの関さんですか」

と、どこの若造だ？　という風に、いつも決まって怪訝《けげん》そうな顔をされるのだ。

だいたい、古代史を書いていると、「お爺《じい》さんが書いている」という思い込みが、読者にはできあがるらしい。だから、読者からの励ましの手紙には、

「いつまでもお達者で」

という言葉が副《そ》えてあることが多い。

「おうおう、嫌われるほど達者でいてやろうではないか」

と、発想だけは、すでに意地悪じじいの境地に達しているのだが……。

だから、「兄さん」呼ばわりされても、文句を言えた筋合いではない。

さてさて、広島風お好み焼きは、目の前で手際《てぎわ》よくできあがっていく。うずたかく積まれたキャベツが、まるで魔法のように沈んでいった。御主人、ヘラを手渡し、熱々のお好み焼きが目の前にできあがった。

「広島のお好み焼きはね……」

と、懇切ていねいに、ヘラの使い方と「正統な広島流」の食べ方を、説明して下さった。

「やっぱ、この人、やさしいじゃん!!」

と、感涙？

口調は怖いけど、これは、この人の「照れ」がそうさせているのだ。本当はいい人なのだ。

それに、びっくりしたのは、お好み焼きの味だ。

大阪や神戸で、何回もお好み焼きを食べてきたが、広島のお好み焼きには勝てないのではあるまいか。

これはすごい。言葉で、どういうふうにおいしいのだとは表現できないが、お好み焼き食べるなら、広島風に限ります。

だから、店を出るとき、深々と、頭を下げてまいりました。

「ごちそうさま‼」

ところで、広島風お好み焼きは、昭和の初めに（一説に明治時代とも）、おやつ替わりに食べられた「一銭洋食」が始まりだったらしい。駄菓子屋で、東京の「もんじゃ焼き」の生地よりもやや固めの薄い生地に、鰹節《かつおぶし》（粉ガツオ）やとろろ昆布、ネギを重ねてソースで食べていたものだ。

そして、戦後の食糧難で、小麦粉が入手困難だったころ、「薄い生地にキャベツを山盛りにした代物《しろもの》」が登場し、広島流が誕生したというわけ。

ところで、お好み焼きのルーツをたどっていくと、ウソか誠か、千利休《せんのりきゅう》までたどり着くという話だが、お好み焼きひとつとっても、侮《あなど》れない歴史が溢《あふ》れているものだ。食い意地ばかりはってもいられないので、そろそろ、瀬戸内海の歴史に話を戻そう。いよいよ瀬戸内海を巡る謎解《なぞと》きも、クライマックスだ。

■出雲と吉備それぞれの思惑

瀬戸内海（吉備）はヤマト建国に貢献し、ライバルの出雲を蹴落《けお》とし、ヤマトの中心勢力となって大発展する。そして五世紀前半、ヤマトと肩を並べる巨大前方後円墳が、吉備に登場したかと思いきや、五世紀後半に至ると、吉備は急速に没落するのである。

なぜこのようなことが起きたのだろう。この謎を、明確に解き明かすことはできるのだろうか。

五世紀前半の吉備は、泣く子も黙る、大豪族である。どれだけ強かったかといえば、前方後円墳の大きさ競争で、

「大王家を追い抜けるのに、寸止《すんど》めで勘弁してやった」

ほどの実力と余裕を持っていたわけである。

ところが、五世紀後半に、なぜか吉備は、没落するのである。

問題は、「吉備」よりも「ヤマト」側にあるように思えてならない。

「吉備」に対抗できるような豪族など、日本中探しても、どこにもいなかったはずなのである。ましてやヤマトの大王家に、単独で吉備を圧倒するだけの力があっただろうか。

くどいようだが、ヤマトの王家は、各地の首長層の「寄付」と「ボランティア」によって成り立っていたはずである。しかも『日本書紀』によれば、雄略《ゆうりゃく》天皇は、身内や当時の有力者を非情な手段で打ち倒し、「多くの豪族が見限っていた」と記録されているのだ。その雄略が、どうやって吉備を圧迫することができたというのだろう……。

われわれは、大きな誤解をしていたのではあるまいか。

無力のはずの雄略が、吉備を圧倒するだけのパワーを、どこから得たのか……。『日本書紀』は黙して語らない。だが、その源泉が、ヤマト建国の謎のひとつに隠されていたのではあるまいか。それが、「東国」なのである。

後にふたたび触れるが、ヤマト建国後、かつての後進地帯だった東国は、どうした理由からか、大発展を遂げているのである。その東国が、もし、雄略を後押ししていたら……。

ここに、誰も想像していなかった歴史の大どんでん返しが起きていたのではなかったか……。

そこで話は、いったん遠回りして、香椎宮《かしいぐう》に飛ぶ。仲哀《ちゅうあい》天皇が変死された、あの晩の話だ。

ヤマト建国から吉備の没落にいたる歴史を、ふたたび振り返ってみたい。吉備を考える上で、大きなヒントとなってくるのが、神功皇后《じんぐうこうごう》と仲哀天皇の九州征討である。原点に戻ってみると、これまで見過ごしてきた重要なカラクリが、姿を現してくるはずなのである。

もちろん、ここから先の話は、「吉備＝物部《もののべ》」を前提にすすめさせていただく。

さて、九州の地で熊襲《くまそ》が背いたという報に接した仲哀天皇と神功皇后は、急遽《きゅうきょ》西に向かう。落ち合った先が、下関の忌宮《いみのみや》＝穴門豊浦宮《あなとのとゆらのみや》であった。そしてその後、香椎宮に移る。

問題は、なぜ仲睦《なかむつ》まじかったはずの仲哀天皇と神功皇后が、日本海と瀬戸内海二つのルートをたどる必要があったのか、ということである。

事実だからそのまま記録したのだろうか。そうではあるまい。ここに、深い暗示が込められていたはずである。

すでにこれまでのシリーズで記してきたように、神功皇后の北部九州征討は、新生ヤマト（纒向《まきむく》）が、北部九州の旧倭国《わこく》勢をヤマト側に引き入れるための最後の戦争となるはずだった。北部九州の沿岸地帯の首長層は、日田《ひた》（大分県）を取られ、勝ち目はないと恭順してきた。ところが北部九州の南部の高良山《こうらさん》付近に陣取る「邪馬台国《やまたいこく》のヒミコ」は、徹底抗戦を目論《もくろ》み、ヤマトの神功皇后（トヨ）に成敗されるのである。

ただこのとき、仲哀天皇の変死という事件が起きていた。

さて、神功皇后は北陸から出雲を伝って、日本海を経由して下関に到着している。かたや仲哀天皇は、瀬戸内海を西に向かっている。二人の取ったルートは、それぞれの背後にいる勢力の姿を明快に示している。つまり、神功皇后は日本海の、そして仲哀天皇は、瀬戸内海の後押しを受けていたと考えられる。端的に言ってしまえば、前者が「出雲」の、後者が「吉備」の「思惑」である。

「出雲」と「吉備」は、当初北部九州から独立し、ヤマトに新たな国の中心を据えることで、大同団結したのだろう。だからこそ、神功皇后と仲哀天皇は、「まず関門海峡の制海権を奪わねばならない」と、下関に拠点を造ったのだ。

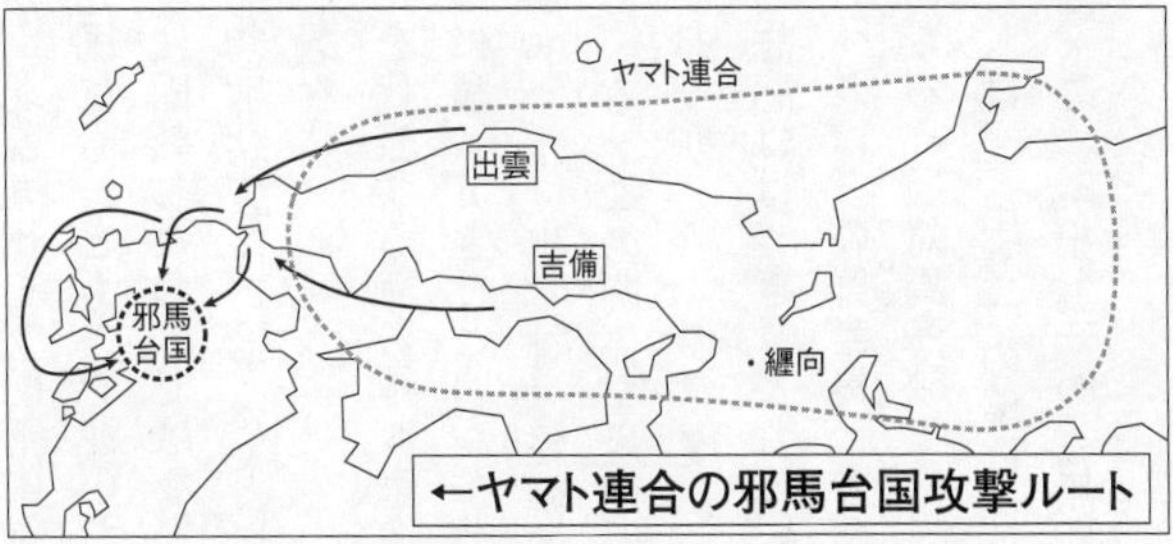

←ヤマト連合の邪馬台国攻撃ルート

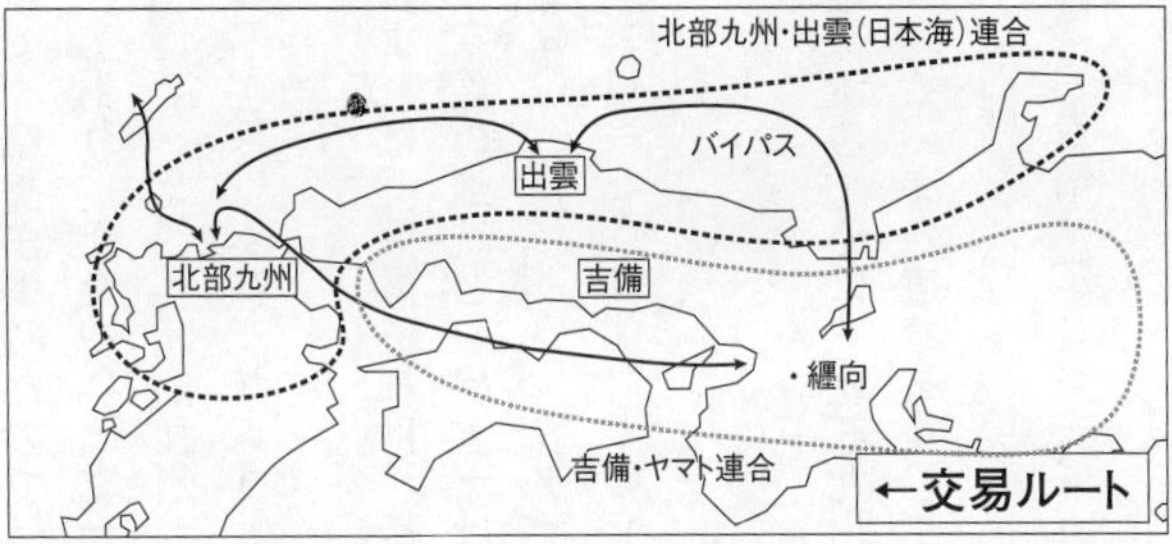

←交易ルート

ところが、北部九州を支配下に組み入れる段階で、摩擦が生じたのではなかったか。「吉備」ヤマト建国にもっとも力を注いだのは「吉備」であり、かたや「出雲」は、ほどヤマトに固執したわけではなかった。「出雲」はむしろ、「北部九州」との交流を重視し、「北部九州」に「ヤマトに生まれた潮流」を受け入れさせようと働きかけていた気配がある。

北部九州を代表する海の神＝宗像《むなかた》大社の伝承によれば、宗像三神《さんしん》は、最初出雲にいて、この地に移ってきたという。その伝承通り、宗像の地域と「出雲」は、弥生時代から交流があった。出雲神・建御名方神《たけみなかたのかみ》の「ミナカタ」は、「ムナカタ」との関わりを暗示している。この関係を足がかりに、「出雲」は「北部九州」との交流を図ろうとしたのであろう。

「出雲」の思惑ははっきりとしている。

「出雲」とすれば、朝鮮半島との交易ルートを確保するために、北部九州と手を結びたかったのだろう。対馬《つしま》海峡→玄界灘《げんかいなだ》→日本海と続く、海の道であり、このルートを確保しなければ、「出雲」の優位性は保てないし、発展もない。

ところが、この「出雲」の「無邪気な野心」は、「吉備」にとって、いい迷惑だった。

■神功皇后を裏切ったのは「ヤマトの吉備」

「吉備」の優位性は、北部九州とヤマトを結ぶ、ハイウェイ＝瀬戸内海を手に入れていることだ。冬には遮断される日本海ルートと比べても、通年の通行が可能な内海を支配する「吉備」の優位性は揺るがなかった。

ところが、「吉備」にはアキレス腱《けん》があったのだ。それが、「関門海峡」である。この川のような海峡を封鎖されてしまえば、瀬戸内海は死に体となり、一気に吉備は没落するのである。

もちろん、それは「ヤマト」の没落にも直結したのだが、「吉備」にすれば、「出雲」と「北部九州」の連帯は、悪夢である。

「出雲」と「北部九州」が手を組んで、関門海峡の支配権を確立してしまえば、いつ「蛇口を締められてしまう」か、分かったものではない。あるいは「出雲」は、その手口をちらつかせながら、ヤマトで優位に立った「吉備」を、蹴落とそうとするかもしれない。そこまで行かなくとも、ヤマトにおける「吉備」の発言力は、急速に落ちる。

『日本書紀』や『古事記』の記事から勘案して、ヤマトに乗り込んだ「吉備＝物部」は、おそらくヤマトの王に君臨していたのだろう。これが、饒速日命《にぎはやひのみこと》である。「出雲」「吉備」連合は、北陸や東海の諸勢力を味方に引き入れ、最後に北部九州を味方に付けるべく奔走した。そして、尖兵《せんぺい》として北部九州に送り込まれたのが、神功皇后であった。

ところが、神功皇后＝日本海勢力が、あまりにも強すぎたことが、「吉備」に疑心暗鬼を生ませたのである。

ヤマトは誕生後間もない。そこでは、熾烈《しれつ》な主導権争いがくり広げられていただろう。そして、「出雲」の主力が北部九州で華々しい勝利を収めてしまったことは、「吉備」の焦《あせ》りを生んだにちがいない。

しかも、「出雲」を代表する神功皇后の眼前で、「吉備」を代表する仲哀天皇が変死したのである。香椎宮では、仲哀天皇の崩御（死）が秘匿《ひとく》され、棺桶《かんおけ》が椎木に立てかけられたと言い伝えられる。これには深いわけがあって、なにかしらの意見の食い違いから、神功皇后と武内宿禰《たけのうちのすくね》ら、「出雲」が、「吉備」の意向とぶつかったということでしかないだろう。

こうして、『日本書紀』に記された仲哀天皇の死と、ヤマトに残された仲哀天皇の

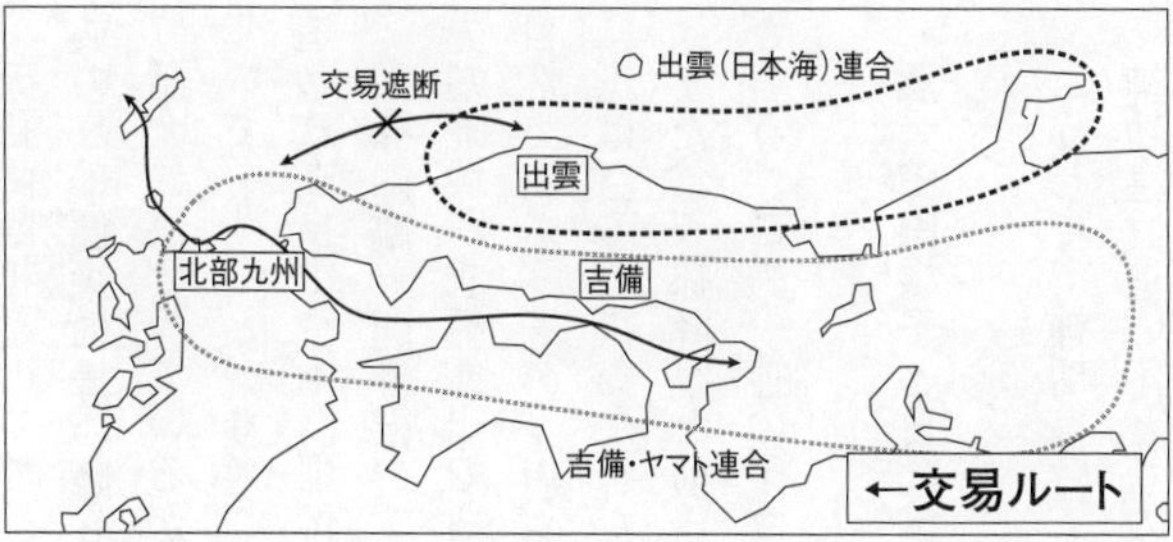

皇子たちの挙兵は、ひとつの糸でつながってくるわけである。

『日本書紀』は、新羅《しらぎ》を成敗した神功皇后が北部九州にもどってくると、ヤマトの皇子たちが、神功皇后と応神《おうじん》母子のヤマト入りを阻止しようと立ち上がったと記している。

物語はこのあと、神功皇后らの勝利を記録しているが、平安時代に至っても神功皇后が祟《たた》る神と捉《とら》えられていたこと、宇佐《うさ》神宮《じんぐう》の特殊神事の中で、住吉大神《すみよしのおおかみ》が「東」を恨んでいたこと、恨みを晴らさせるかのような祭りが行われていたところから、神功皇后らは、実際にはヤマトに裏切られ、南部九州に落ち延びていたと九州編で述べておいた。

これが、荒唐無《こうとうむ》稽《けい》と思われていた天孫降臨の裏側である。

天孫降臨神話の中で、はじめニニギ（天津彦彦火瓊瓊杵尊《あまつひこひこほのににぎのみこと》）は、高天原《たかまのはら》から日向《ひむか》の襲《そ》の高千穂峯《たかちほのたけ》に舞い降りたと記されているが、「空から降ってきた」というのは「作り話」に決まっているが、そのあとの第一歩が重要で、ニニギは笠狭碕《かささのみさき》に丘づたいに歩いていったという。これが鹿児島県の西側の野間岬《のまみさき》で、神功皇后らがヤマトの兵に追われ高良山や山門《やまと》郡付近から海に逃れれば、自然にたどり着く場所である。

天孫降臨と聞けば、「強い征服王の来臨」というイメージがある。だが、当時の最先端地域が北部九州であったのに、南部九州に舞い降りたという説話は、いかにも不自然である。その矛盾を承知の上で、『日本書紀』編者がこの話を「王家の出発点」に選ばざるを得なかったのは、「実話」だったからだろう。

また、天孫降臨と前後して、「吉備」が主導するヤマトは、「出雲潰《つぶ》し」を始めたのだろう。この一連のヤマトの政変こそ、「出雲の国譲り」の真相だったと思われる。

■大田田根子《おおたたねこ》と日向御子《ひむかのみこ》

こうして、神功皇后（トヨ）の北部九州の王家は、潰された。

神功皇后追い落としのきっかけは、中国大陸の、魏《ぎ》の滅亡と関連があるかもしれない。

神功皇后は卑弥呼同様「親魏倭王《しんぎわおう》」の称号を獲得していた。これは、神功皇后に危害を加えると、大国＝魏を敵に回すことに直結したのだから、ヤマトも迂闊《うかつ》に手を出すわけにはいかなかったのだろう。現代風に言えば、アメリカの後ろ盾によって守られた政権を武力で潰しに行くようなものだ。

ところが、神功皇后の悲劇は、虎《とら》の威であった「魏」そのものが消えて無くなってしまったことである。『日本書紀』が引用する「晋の起居注《しんのききょちゅう》」や『晋書《しんじょ》』には、倭国の女王が朝貢《ちょうこう》してきたという記事が載るが、「魏志倭人伝《ぎしわじんでん》」の時のように、歓待されていた様子はない。むしろ、「ほとんど相手にされなかった」というのが、実態のようである。もちろん、「親魏倭王」に匹敵するような称号を獲得することもできなかった。

そうなると、「吉備＝ヤマト」は、誰に気兼ねすることなく、神功皇后を攻撃できる。外交上の優位性を失った神功皇后らは、なすすべもなく、南部九州に逃げたのであろう。

ではなぜ、零落した者どもが、やがてヤマトの王となるのだろう。

ヤマト建国は、二回にわけて考える必要がある。第一回が、神功皇后の敗北と「ヤマトの吉備」の勝利宣言である。ここに「吉備＝物部」は、王となって君臨したのだろう。『日本書紀』にいうところの物部氏の祖の饒速日命が、ヤマトの最初の王である。

ところが、ここで不測の事態が起きたようだ。『日本書紀』によれば、第十代崇神《すじん》天皇の時代、天変地異と疫病の蔓延《まんえん》によって、人口が半減するほどの悲惨な状況がヤマトを襲ったという。

困り果てた崇神天皇は、占ってみると、出雲神・大物主神《おおものぬしのかみ》が、「私の意志だ」と、打ち明けたという。

そして大物主神は、「わが子大田田根子を探し出して私を祀《まつ》らせれば、世は平静を取り戻せるだろう」というので、崇神天皇はさっそく手配をし、大田田根子なる人物を捜し当て、これをヤマトに連れてきて、大物主神を祀らせたのだという。はたして神託どおり、ヤマトは平和になったという。

ここに登場する大田田根子が曲者《くせもの》である。『日本書紀』によれば、大田田根子が発見されたのは、茅渟県《ちぬのあがた》の陶邑《すえむら》だったという。現在の大阪府堺市東南部である。

なぜ出雲の神の子が、堺にいたのだろう。

この話、実際には、南部九州の神武をヤマトに呼び寄せたというのが真実ではなかったか。

そう思う根拠がいくつかある。たとえば『日本書紀』には、大田田根子の父は大物主神で、母は陶津耳《すえつみみ》の娘の活玉依媛《いくたまよりひめ》であるという。この活玉依媛が怪しい。活玉依媛にそっくりな女神が、神話に登場していて、神武天皇とかかわっている。それは、天孫降臨神話に続く海幸山幸《うみさちやまさち》神話だ。海神《わたつみのかみ》の宮で豊玉姫《とよたまひめ》と結ばれた彦火火出見尊《ひこほほでみのみこと》（山幸彦《やまさちひこ》）であったが、三年後に、故郷に帰りたくなった。

豊玉姫はこれを許すが、豊玉姫は身籠《みご》もっていた。だから、海の荒れた日に産屋《うぶや》を造って待っていてほしいと願った。はたして、豊玉姫はやってきて、産屋にこもった。「見てはいけない」と戒めていたにもかかわらず、彦火火出見尊は、産屋をのぞいてしまう。すると豊玉姫は、龍《りゅう》になっていた。

恥辱を受けたといって、豊玉姫は陸と海の道を閉ざして海神の宮に帰ってしまう。ただ、妹の玉依姫が残された。

このとき生まれた御子は彦波瀲武鸕鷀草葺不合尊《ひこなぎさたけうがやふきあえずのみこと》で、玉依姫と結ばれ子ができる。これが神日本磐余彦尊《かむやまといわれびこのみこと》で、ようするに神武天皇である。

■北部九州と朝鮮半島のつながりを恐れた吉備

『日本書紀』の神話をそのまま信じれば、神武天皇は天照大神《あまてらすおおみかみ》の末裔《まつえい》ということになるが、実際には「神功皇后の子（あるいは末裔）」であったことは、これまでさんざん述べてきた。

神功皇后は「トヨ」の名のつく女神と多くの接点を持っていた。たとえば、宗像大社の伝承によれば、神功皇后はその昔、海神の娘であったといい、妹の名が「豊姫《とよひめ》＝トヨの女神」であったという。

海幸山幸神話で、「豊玉姫＝トヨの女神」の妹が玉依姫であったことは、ひっかかる。さらに、玉依姫の子が神武天皇で、玉依姫によく似た活玉依媛の子が大田田根子という。ここに因果を感じずにはいられない。

もうひとつ気になることは、崇神天皇紀の一節だ。

大物主神は「わが子大田田根子を探し出して私を祀らせれば、世は平静を取り戻すだろう」と告げたが、もうひとつ、大切なことを言い添えている。つまり、「亦海外《またわたのほか》の国有《くにあ》りて、自《おの》づからに帰伏《まうしたが》ひなむ」

というのだ。海外の国々も、自然と靡《なび》いてくるだろう、という。

この一節、何が問題かというと、その時点の、倭国と海外の対立を意味していることだ。国内の疲弊と、対外関係の冷却化。これは何を意味しているのだろう。

ここで思い出すのが、武内宿禰だ。

あらためて述べるまでもなく、武内宿禰は神功皇后の忠臣で、しかもその正体がアメノヒボコ（天日矛《あめのひぼこ》）であったことは、九州編で述べておいた。

応神九年夏四月の条に、次のような記事が載る。

それによれば、武内宿禰を筑紫に遣わし、民情を視察させた。すると武内宿禰の弟の甘美内宿禰《うましうちのすくね》は、兄を陰謀にはめようと考え、天皇に次のように讒言《ざんげん》したという。

「武内宿禰は常に天下を狙《ねら》っております。今聞くところによりますと、筑紫にいて密《ひそ》かに謀略を巡らし、筑紫を独立させ、三韓《さんかん》（朝鮮半島の国々）と手を結び、天下を取ろうという腹づもりです」

これで武内宿禰は一気にピンチを迎えるのだが、問題は、武内宿禰の弟と名乗る甘美内宿禰が、饒速日命の子の可美真手命《うましまでのみこと》にそっくりなことだ。可美真手命を『先代旧事本紀《せんだいくじほんぎ》』は宇摩志麻治命《うましまじのみこと》と呼んでいる。「ウマシマジ」と「ウマシウチ」、そっくりなのは、名だけではない。

私見が正しければ、「ウマシマジ」は、「ヤマトの吉備」の長として、神功皇后や武内宿禰を裏切った側にいたことになる。ウマシマジとウマシウチの立場は、共通である。北部九州に強大な王国を樹立した神功皇后らは、「ヤマトの吉備」からみれば、邪魔で仕方がない。しかも、神功皇后らは魏だけではなく、朝鮮半島とも手を組んだとなれば、これは最大の脅威であり、だからこそ「ヤマトの吉備」は、神功皇后らを追いつめたはずである。

そうなると、朝鮮半島とつながっていた神功皇后を滅ぼした「ヤマトの吉備」は、朝鮮半島とも袂《たもと》を分かった可能性が出てくる。

その、仲直りをするためには、神武をヤマトに連れてくる必要があったということになる。

つまり、大物主神が述べた「活玉依媛の子の大田田根子」とは、「玉依姫の子の神武天皇」その人のことではなかったか。

■日向御子の正体

大田田根子と神武天皇を結びつけるもうひとつの根拠は、纒向遺跡のお膝元《ひざもと》、奈良県桜井市の三輪山《みわやま》である。

さて、大神神社《おおみわじんじゃ》に本殿がないことはつとに名高い。これはなぜかというと、御神体が三輪山だからで、これが古い神社の本来の姿だった。

その三輪山といえば、大物主神が祀られる山として名高い。箸中山《はしなかやま》古墳の主・倭迹迹《やまとと》日《ひ》百襲姫命《ももそひめのみこと》が、大物主神の本当の姿「蛇」をみて驚いたという話があるが、お椀形《わんがた》の三輪山は一説に、蛇がとぐろを巻いた姿と考えられていたという。

それはともかく、天皇家にとっても、ヤマトの民にとっても、大切な霊山であった三輪山だが、その山頂には、ちょっと風変わりな神が祀られている。それが、「日向御子」である。

すでに『封印されたヤマト編（以下、ヤマト編）』で、日向御子は神武天皇その人のことではないか、と指摘しておいた。

なぜそのようなことが言えるのかというと、日向御子の正体が不明なこと、その、正体不明の神が、なぜヤマトでもっとも大切な山の山頂に祀られているのか、これまでの常識では、考えられないからである。

その一方で、大物主神の子の大田田根子の「大（太）田」や「大田田」は、日神祭《ひのかみさい》祀《し》にまつわるとする説があり、大田田根子と日向御子を同一視する考えがあり、だからこそ、「日に向かう＝日向」の名がついたとする。

それもそうだが、ならばなぜ、大田田根子ではなく、「日向」と名を変え、さらに余分な「御子」を付けたのだろう。古来「御子」や「稚《わか》（若）」は、祟る者の名だからだ。かたや大田田根子は祟る神ではなく、祟る神を鎮《しず》めるためにヤマトに呼ばれたのであり、話は矛盾する。

こういうことではなかったか。もっと単純に考えれば良かったのである。出雲神にゆかりのある人物で、「日向」にかかわる人物が、三輪山で祀られなければならなかったのであり、しかもその「御子」は、祟りをもたらす恐ろしい人物である。

そして、「日向」とは、地名であって、南部九州の「日向《ひむか》」とみなせばよいわけである。つまり「日向御子」は、神功皇后の御子（あるいは末裔）であり、日向の地で零落してヤマトを呪《のろ》う御子であろう。もちろんそれが、神武天皇である。

神武天皇のヤマト入りに「物部」が柔順に従ったのは、「ヤマトの吉備」が、「祟る出雲」に恐怖し、その、祟りをいかに鎮めることができるのかを模索した結果だろう。

■神武東征の道のり

ヤマトの王家の座をようやくの思いで射止めた「吉備（物部）」だったが、天変地異と疫病《えきびょう》に苦しめられ、

「これは南部九州に追い落とした神功皇后の祟りにほかなるまい」

と、震え上がったのだろう。

吉備には、「恨まれている」と、思い当たる節があったから、日向に使者を遣わし、「忘れ去られた御子」を探し出したのだろう。ここに、「祟る大王」が、ヤマトに連れてこられ、擁立され、ヤマトの基礎はようやく確立したのである。

ところで神武東征は、日向（南部九州）から瀬戸内海を東に向かったことは、よく知られている。そのコースと行動の詳細を、「瀬戸内海航路」を中心に、ここで見つめ直してみよう。

さて、神武天皇はなぜヤマトに向かおうと考えたかというと、『日本書紀』は次のように説明する。

神武天皇四十五歳の時だ。神武は次のように述べた。

「わが天祖《あまつみおや》がこの西のほとりに降臨され、すでに百七十九万二千四百七十余年がたった。しかし、遠くはるかな地では、われらの徳もおよばず、村々に長《おさ》がいて境を分かち、互いに争っている。また、塩土老翁《しおつつのおじ》に聞いたところによると、東の方角に美しい

土地があるという。四方を山に囲まれ、すでに天磐船《あまのいわふね》に乗って飛び降りた者がいるという。私が思うに、その地はかならず大業を広めるに適したところだろう。国の中心に相応《ふさわ》しい地に違いない。その舞い降りた者とは、饒速日命のことであろうか。そうであるならば、私がかの地に赴いて、都をつくろうではないか」

こうして神武は、この年の冬十月五日、諸々の皇子、軍団を率いて、東征に出発したのである。

神武一行が速吸之門《はやすいなと》（豊予《ほうよ》海峡）にいたったとき、ひとりの漁師が現れ、船に乗り込んできた。名を問うと、

「私は国神《くにつかみ》で、名を珍彦《うずひこ》と申します。このあたりで釣りをしています。天神《あまつかみ》の御子がいらっしゃると聞きつけ、こうして出迎えにあがったのです」

珍彦は、このあたりの海域に詳しいということなので、「海導者《みちびきひと》」を命じ、椎根津彦《しいねつひこ》の名を与えた。のちに倭国造《やまとのくにのみやつこ》となる人物だ。

ちなみに『古事記』には、この男は亀に乗って腕を羽のように翻《ひるがえ》しながらやってきたとある。このことは、九州編で触れたことがある。

さて、一行は筑紫国菟狭《つくしのくにうさ》（大分県宇佐市）に立ち寄り、菟狭国造《うさのくにのみやつこ》の祖・菟狭津彦《うさつひこ》と菟狭津媛《うさつひめ》の歓待を受けた。

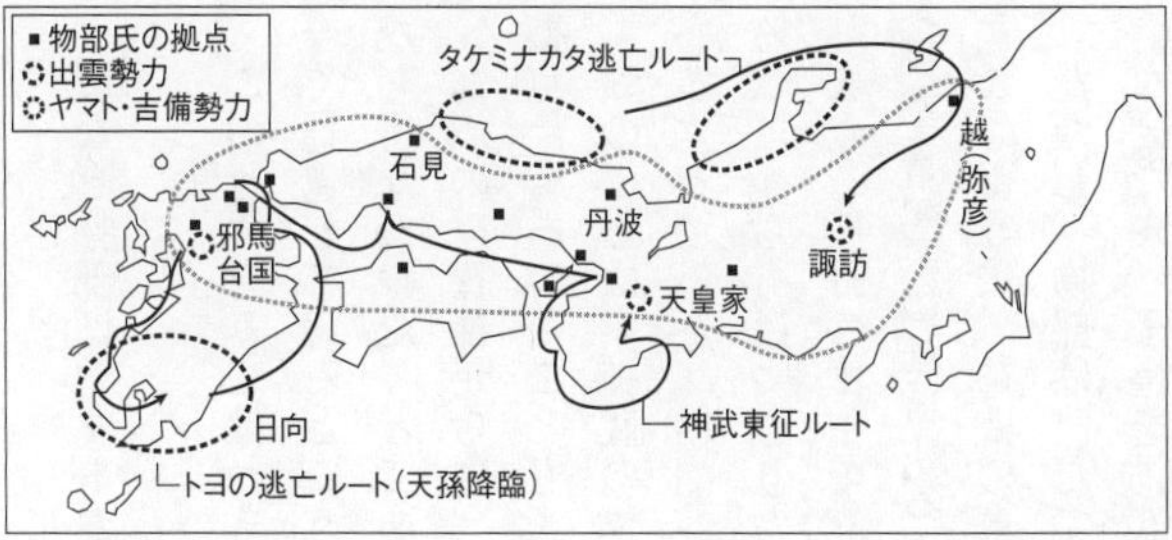

このまま東に向かえば瀬戸内海に入るが、十一月九日、なぜか神武はここから北上し、関門海峡を抜け、筑紫国の岡水門《おかのみなと》（福岡県遠賀《おんが》郡《ぐん》芦《あし》屋《や》町《まち》）に向かった。ここから折り返し、ヤマトを目指す。

十二月二十七日に安芸国《あきのくに》の埃宮《えのみや》（広島県安芸郡府中町）に至るも、やや長逗留《ながとうりゅう》を決め込む。翌年の三月六日、安芸から吉備に移る。ここではさらに三年間長期滞在し、軍備を整えたという。

ただし『古事記』には、北部九州に一年、安芸に七年、そして吉備に八年も滞在したと記されている。

■なぜ物部はヤマトから河内に移動したのか

この行程をみてはっきりとすることは、海の要衝を、すべて無事に、なんの問題もなく通過しているということだ。これは、「吉備（物部）」の力添えがなければ、到底なし得なかったことである。

九州の遠賀郡から先、瀬戸内海の寄港地のことごとくが、第四章で示した「物部の拠点」であったことも意味のないことではないはずだ。

このことは、神武のヤマト入りに反発する者が現れたにもかかわらず、ヤマトの中心に立っていた「物部（吉備）」が、戦えば勝てるのを承知の上で、神武を助けていることからもはっきりとしている。

また、熊野の山中で立ち往生していた神武一行に授けられた神宝《かんだから》は、韴霊《ふつのみたま》だったと『日本書紀』は証言するが、この神宝は「物部の宝」にほかならない。

このように、神武の東征を促したのは、物部（吉備）である。

ただし、物部はただでは転ばなかった。

なぜなら、王権を神武に譲り渡すと、平然と盆地を下り、河内に拠点を築いているからである。

普通に考えれば、物部がなぜ、ヤマトの盆地を明け渡し、河内に移ったのか、その理由がわからない。ヤマトの盆地からみて、河内は「眼下の敵」であり、逆に河内からヤマトに攻め入ろうとしても、生駒《いこま》か葛城《かつらぎ》の山系に邪魔されて、なかなか攻め入ることはできない。神武が生駒山を背に陣取る長髄彦《ながすねひこ》にはね返された例をもってしても、ヤマトの防禦《ぼうぎょ》力の堅さは知れよう。

なぜ物部は、王権のみならず、防衛上の拠点であるヤマトを手放したのだろう……。

しかし、物部を吉備とみなせば、物部のしたたかさが見えてくる。

まず、すでに触れたように、饒速日命の子の宇摩志麻治命（可美真手命）は、ヤマトを離れ、石見《いわみ》の国に移っている。これはたんなる逼塞《ひっそく》ではなく、「出雲封じ」が目的だった。弥彦《やひこ》と石見に楔《くさび》を打ち込むことで、日本海の流通を、封殺したのである。

こうなってくると、日本の流通に占める瀬戸内海の重要性が高まる。そうしておいて、「物部」は瀬戸内海周辺、そして北部九州に次々に拠点を設けていった。関門海峡周辺や北部九州の「物部」の密集地帯も、ヤマト建国後の「物部」の戦略によって拠点化されたものだろう。

このように、物部は瀬戸内海の制海権のみならず、日本海ルートを制約し、朝鮮半島との接点となる北部九州を、手に入れたのである。

ここで興味深い事実に気づかされる。もし仮に、ヤマトの勢力が河内潰しに走ったとしても、河内は吉備と連携し、ヤマトに対抗できることだ。吉備に逃れ、瀬戸内海から反撃し、河内を海上封鎖してしまえばよいからである。

もちろん、出雲から越《こし》に至る日本海の流通も、吉備（物部）は押さえているのだから、ヤマトはそれだけで干上がるのである。

■吉備のしたたかな戦略

ここに、吉備のしたたかな戦略が垣間見える。

つまりこういうことではなかったか。神功皇后を北部九州から追いやり、ヤマトの王の座を射止めた「吉備」であったが、王権の誕生以来、天変地異や疫病の流行に悩まされ続け、不穏な空気が流れた。ヤマトに集まった多くの首長たちが、「吉備」のやり方に誤りがあったと声をあげ始めていたとすれば、「吉備」はなにかしらの手を打つ必要があった。

そしてたどり着いた秘策。それは、いったん王の座を「日向御子」に譲り、ヤマトを去る。そして、流通と戦略の要「瀬戸内海」を支配することで、名を捨て実を取るというものであろう。

この方策のポイントは、「日向御子」を「祭司王《さいしおう》」として尊重はするが、実権と実利は「吉備」が保持するということである。

そして、もうひとつ大切なことは、これまでなおざりにされてきた「河内」の価値なのである。

くどいようだが、なぜ古代の都がヤマトの盆地に置かれたかというと、それは、天然の要害だったからだ。

ここで注意しなければならないのは、ヤマトはけっして流通の要所だったわけではない、ということである。

なぜヤマトに都が置かれたのかについて、これまでは三輪山の南麓《なんろく》から東に向かって街道が延びていることから、「東国との交通にも適していた」とする指摘があった。

だが、日本全体を視野に入れると、違った景色が見えてくる。

朝鮮半島↓北部九州↓瀬戸内海↓河内と続く西日本のハイウェイを護《まも》り監視するためにヤマトは必要不可欠だった。しかし、このハイウェイから東国や越（北陸や信越）に荷を送るとなると、いったんヤマトに持っていく必要はなかった。河内から淀川を遡《さかのぼ》り、伏見のあたりで荷を挙げ、山階《やましな》を通り逢坂《おうさか》を越え、大津《おおつ》に出れば、琵琶湖《びわこ》という水運ルートがあって、そこから東国に出るには、関ヶ原《せきがはら》付近から岐阜《ぎふ》に出ればよい。古くは岐阜まで入江になっていたから、ここから船を出せば良かった。

ちなみに、逆ルートの場合、琵琶湖の大津から、川を下り、一気に宇治に出ていたのである。

北陸方面に行くなら、琵琶湖をさらに北上し、峠をひとつ越えれば、そこは角鹿《つぬが》（敦賀《つるが》）である。

こうして俯瞰《ふかん》してみると、河内の重要性が見えてくる。「物部」が河内を拠点にしたのも、じつは、このような瀬戸内海から東国に抜ける流通ルートを支配するためだったと考えられる。

物部＝吉備のしたたかさが、ここにはっきりとするのである。彼らが王位に固執しなかったのは、ヤマトが「吉備ひとり」の手でできあがったわけではなかったことも、大きな理由だっただろう。確かに、纒向の中心には、吉備が立っていた。だが、吉備は独裁者ではない。東海や北陸、出雲や北部九州の首長層が、ヤマトの運営に携わっていたはずで、王の専制には、歯止めがかけられていたに違いないのである。

だから、物部は、王権を禅譲することで、逆に大きな「利」と「力」を獲得することを画策したのだろう。

■忘れてはならない播磨の古代史

神話も神社伝承も、かつては「絵空事」として、一蹴《いっしゅう》され、一顧だにされなかった。しかし、ヤマト建国の裏事情がはっきりとしてくると、これまで、貴重な証言を、いかに無駄にしてきたかがはっきりとする。点と点が、次第に一本の線につながり、立体感と皮膚感をもって、目の前に、真実の歴史となって現れてくるのである。

ヤマト建国だけではない。七世紀の瀬戸内海にも、人知れず、ヤマトの政変の傷跡が残されている。

話はいったん脱線するが、「播磨に残された貴重な伝承」について、ここで触れておきたい。

播磨という場所は、吉備の隣に位置し、瀬戸内海の流通を考えた場合、無視できない場所である。

だがここも、吉備同様、『日本書紀』に描かれたヤマト建国の歴史の中で、無視されたままだ。

ただ幸いにも、『播磨国風土記《はりまのくにのふどき》』が残されていたおかげで、播磨固有の歴史が、今に伝わっている。

『播磨国風土記』の興味深い点は、この地で出雲神が大活躍したことなのだ。しかも、アメノヒボコとさんざん場所取り合戦をしているのだから、これを無視できない。

それだけではない。『播磨国風土記』には、帯中日子命《たらしなかつひこのみこと》と息長帯日女命《おきながたらしひめのみこと》の活躍が目立つのも、特徴なのだ。この二人は、仲哀天皇と神功皇后である。

ただし、なぜか神功皇后の人気が高い。

たとえば、宇須伎津《うすきつ》(姫路市網干区宮内《あぼしみやうち》)の地名説話では、神功皇后が「韓国《からくに》」を平定するときに立ち寄った場所だといい、さらに、この一帯の濃厚な神功皇后伝承をいくつも羅列している。

神功皇后の子の応神天皇も登場する。

揖保《いぼ》川の東岸の菅生山《すがふやま》の地名説話の中で、この地が菅の生える地であること(湿地帯だったということ)、応神天皇がこの地を巡ったとき、井戸を造り、水が清らかだった。そこで天皇は「気持ちがすがすがしい」と述べたといい、この地を「宗我富《すがふ》」と名づけたとある。

この宗我富は、現在「曾我井《そがい》」と呼ばれているが、「宗我」も「曾我」も、どちらも七世紀に繁栄を誇った「蘇我氏」の名そのものであり、応神天皇と蘇我氏の強い因縁を伝えている。

これはなぜかといえば、神功皇后の忠臣の武内宿禰が、常に応神に付き添い、補佐したことと無縁ではあるまい。『古事記』によれば武内宿禰は蘇我氏の祖であり、しかも武内宿禰がヤマト建国の裏側の歴史を解き明かすキーマンであることは、すでに九州編で述べてある。

もうひとつ、粒丘《いいぼおか》（たつの市揖保町中臣《なかじん》）の地名説話も取りあげておきたい。

粒丘の名がついたのは、次のようないきさつがあったからだ。

天日槍《あめのひぼこ》が韓国から渡ってきて、揖保川の河口で、ここを住処《すみか》にしようと、葦原志挙乎《あしはらしこお》に次のように願い出た。葦原志挙乎は、出雲神大己貴神《おおなむちのかみ》（大国主神《おおくにぬしのかみ》）の別名だ。

「あなたは国の主だから言うが、私の宿が欲しい」

けれども葦原志挙乎は、「海ならよい（海に留まれ）」と言い、上陸を許さなかった。そこで天日槍は、剣で海をかき混ぜ、そこを宿とした。葦原志挙乎は、天日槍の武勇を恐れ、先に国を支配しておかないと大変なことになると思い、粒丘に登り、食事をした。このとき米粒が口からこぼれた。そこでここを粒丘と言うようになったといい、丘の小石は、みな御飯粒に似ているのだという。

『日本書紀』によれば、天日槍は第十代崇神天皇と第十一代垂仁《すいにん》天皇の時代に来日したとある。それにもかかわらず、『播磨国風土記』には、「天日槍は出雲神と同時代人」というのだ。

この、時代のずれと、天日槍の正体についても、出雲編や九州編で触れたので、ここでは深入りしない。ただ、粒丘の近くの奇妙な遺跡だけは、紹介しておきたい。それが、兵庫県高砂《たかさご》市の生石神社《おうしこじんじゃ》のことである。

■巨大な石の宝殿

生石神社といっても、一般にはあまり馴染《なじ》みはないが、日本三奇のひとつ石の宝殿といえば、「ああ、どこかで聞いたことがある」とおっしゃるのではないだろうか。

ちなみに日本三奇とは、この石の宝殿と鹽竈《しおがま》神社（宮城県塩釜《しおがま》市）の塩釜（鉄製）、そして天孫降臨伝承の地・霧島山《きりしまやま》の天《あま》の逆鉾《さかほこ》の三つだ。どれもこれも、古代史と縁のある遺跡といっていい。

石の宝殿は、生石神社の拝殿の真裏に祀られる、謎《なぞ》の物体だ。幾何学的な直線を用いて切りだしたとてつもない巨石である。

幅六・四メートル、高さ五・七メートル、奥行き七・二メートルのサイコロ状の岩の横側に縦に溝《みぞ》は掘られ、神社拝殿からみて裏側には、台形状の突起物を残している。重量は五〇〇～七〇〇トンとされている。

三方を岩に囲まれ（この岩山を刳《く》り抜いて造られている）、石の宝殿の土台部分も削り取られ、池となって水が溜《た》まっている。だから石の宝殿は別名「浮き石」である。この水は自然に湧《わ》き出るもので、旱魃《かんばつ》の時もけっして枯れないという。また、霊水であると言い伝えられ、潮の満ち引きを表し、万病に効くのだという。

ちなみに、石の宝殿を造ったときに、削り取った石屑《いしくず》は、神聖なものだから、人や動物に踏ませるわけにはいかないと、神社からみて北方の霊山・高御位山《たかみくらやま》（播磨富士と呼ばれている）の山頂に運ばれ、捨てられたのだという。

いったい誰が、いつ、何を目的に造ったのか、まったくわかっていない。合理的な目でみれば、こんな無意味な巨石は、説明不可能だからだ。

ただし、伝説はしっかりと残っている。生石神社の縁起から、抜粋する。

神代《かみよ》の話だ。大穴牟遅神《おおなむじのかみ》（大己貴神）と少毘古那神《すくなひこなのかみ》（少彦名神《すくなひこなのかみ》）は、国土経営のために出雲からこの地に至り、国土を鎮めるために相応しい石の宮殿を建てようと思い、一晩で造り上げようとした。しかし賊神の反乱が起き、鎮圧したが、夜明けとなってしまったために、石の宮殿を正面に起こすことができなかったという。そこで二柱の神は、社が未完成であろうとも、二柱の神の霊をこの宮殿に宿し、国土を鎮めようと考えたのだというのである。

この不思議な石の宮殿と出雲のつながりは、神社に伝わる次のような話からも明らかだ。それによれば、神社の創建は崇神天皇の時代のことで、日本全土に疫病が流行した際、崇神天皇の夢枕《ゆめまくら》に件《くだん》の二柱の神が現れ、「私を祀れば、天下は泰平となるであろう」と告げたという。そこでこの地に、神社が創建されたというのである。

この話、『日本書紀』には崇神天皇と大物主神の話として載っている。

石の宝殿は、かなり古い歴史を持っているようで、『万葉集』巻三にも、大己貴神と少彦名神の「しつのいわや」が歌となって記録されている。

それにしても、この巨石は、いったい何だろう。

いろいろな推理を働かすことができよう。ただ、実際に現地に赴き拝見してきたら、むしろ合理的な見方も通用すると考えるようになった。つまり、ほかの場所からこの巨石を持ってきたのではなく、ただ切りだしただけで、他の場所に移す気もなかっただろうから、人智を超えた遺跡ではないことは明らかだ。そこで、「これはサンプルではないか」と思うようになったのである。

神社の裏山のみならず、この一帯は「石材の宝庫」で、ほとんどの山が「岩山」なのである。だから、各地の古墳の石室にも播磨の石は使われたし、石工技術が発達したに違いない。石を買い付けに来た人びとに、

「われわれにお任せいただければ、どんなへんてこりんな形にも、石を削ってみせましょう。なにしろわれわれは、大己貴神たちの技を伝承しているのですから」

と、宣伝したのではなかったか。

■大避《おおさけ》神社に残された伝承

播磨でもうひとつ、どうしても語っておきたいことがある。

それは、兵庫県赤穂《あこう》市坂越《さこし》の大避神社のことである。

大避神社は、無名の神社といっていい。古代史を扱った本の中でも、ほとんど語られることはなかった。しかし、この神社の伝承は、じつにユニークだ。

そもそもなぜ、「大避」という名が生まれたのだろう。

まず、大避神社の祭神は、天照大神を筆頭に、春日《かすが》大神、大避大神なのだが、古くは秦河勝《はたのかわかつ》を主祭神として祀っていた。大避大神とは、秦河勝のことを指していたのだ。

秦河勝は、聖徳太子に寵愛《ちょうあい》された、渡来系豪族として知られている。

秦氏のことを話し出すと、話が脱線したまま最後まで行ってしまいそうだから、簡単に説明しておこう。

秦氏は朝鮮半島南部（具体的に言うと新羅）からの渡来人で、秦の始皇帝《しこうてい》の末裔を自称している。山背国《やましろ》（京都府南部）に基盤を持ち、日本各地に進出し、土地の開墾や流通の整備に奔走した。これは、秦氏が「殖産的性格」を帯びた豪族だったからである。

秦氏は中央では大蔵《おおくら》を掌《つかさど》る役所の下級役人の地位に甘んじたが、そのネットワークと所有する土地の規模からいって、日本有数の豪族に成長したのであり、隠然たる影響力を、朝廷に及ぼし続けたのである。

ではなぜ、秦河勝が「大避」と呼ばれるようになったかというと、これには確かな歴史があった。

十八世紀に記された播磨地方の地誌『播磨鑑《はりまかがみ》』には、おおよそ次のような由来が残されている。

皇極《こうぎょく》二年（六四三）九月。秦河勝は「蘇我入鹿《そがのいるか》の乱」から避難するために、難波《なにわ》から船で坂越の生島《いきしま》に逃れてきたのだという。地元の人々は河勝を温かく受け入れ、敬ったといい、また、死後生島に葬《ほうむ》り、神として祀りあげたのだという。

大避神社の正面の海には、まるでひょっこりひょうたん島のように生島が浮かんでいて、秦河勝の墓と言い伝えられている。

大避神社のパンフレットには、秦河勝が逃れてきたのは、皇極三年（六四四）のことだったといい、差が見られるが、それよりも問題なのは、大化《たいか》三年（六四七）に、河勝がこの地で八十四歳で亡《な》くなったという話の方である。

まず、皇極二年か三年に、秦河勝はこの地にやってきたらしいが、それはなぜかというと、「蘇我の乱」のためだったという。これは何を意味しているのかというと、皇極二年十一月の上宮王家《じょうぐうおうけ》滅亡事件を指しているのだろう。『日本書紀』によれば、蘇我入鹿は斑鳩宮《いかるがのみや》（奈良県生駒郡斑鳩《いかるが》町）に軍勢を差し向け、聖徳太子の子の山背大兄王《やましろのおおえのみこ》ら聖徳太子の末裔《まつえい》を追いつめたという。山背大兄王らはいったんは生駒山に逃れるが、ふたたび斑鳩に戻り、一族そろって自害して果てている。この事件を指して、大避神社の伝承は、「蘇我の乱」と呼んでいるわけである。

もし、『日本書紀』の記事が事実なら、秦氏周辺の伝承に矛盾はない。秦河勝は聖徳太子の寵愛を一身に受けていたのであり、当然山背大兄王を後ろから支えていただろう。山背大兄王にしても、山背の地域に根城を持っていた秦氏と密接に関わっていたから、「山背」の名がつけられた可能性は高い。

■秦河勝が都を追われた本当の理由

だがそうなると、なぜ河勝は、政敵の蘇我一族が大化元年（六四五）に滅亡したにもかかわらず、この地に留まったのだろう。

じつはここに、これまでの常識を覆《くつがえ》す、大きな問題が横たわっている。

そもそも通説は、大化改新《たいかのかいしん》の本当の図式を、読みまちがえていたのだ。

近年、七世紀の改革事業を潰《つぶ》しにかかったのが蘇我氏だったという従来の考えが、見直されつつある。むしろ、蘇我氏の方が、中央集権国家の建設に前向きだった可能性が高くなってきたのである。このあたりの事情は、すでにヤマト編で語ってあるので、詳述は避ける。

問題は、「蘇我」が滅びたのちも、蘇我系の政権は潰されず残ったことだ。孝徳《こうとく》天皇は、蘇我氏の遺志を引き継いで、改革事業に専念していたのである。

なぜこのようなことが言えるかというと、前期難波宮《なにわのみや》の発掘が進み、後の世の平城京や平安京と同様な規模の都城《とじょう》がすでに難波に建設されていたことが分かったからだ。

これまで日本初の都城は、七世紀末の藤原京と考えられていたが、この常識が覆されたのである。『日本書紀』には、「難波遷都《せんと》」がすでに蘇我入鹿の時代に確定されていたことを匂《にお》わす記事が載っている。そうなるとこの斬新な都は、蘇我氏と孝徳天皇の改革への道しるべとなるはずだった。そして、それを潰しにかかったのが、本来改革派と呼ばれていた中大兄皇子《なかのおおえのみこ》らであったことがはっきりとする。

そうなってくると、秦河勝の「蘇我の乱」が妙にひっかかってくる。秦河勝は、「蘇我の敵」であり、その「蘇我」は、かつて信じられていたような「暴君」ではない。

さらに、大避神社の伝承を信じるならば、蘇我滅亡後も、河勝は都には帰れなかったということになる。その理由を探すとなると、「秦河勝はとことん蘇我と仲が悪かった」ということになりそうだが、じつを言うと、蘇我入鹿暗殺の実行犯の中に、秦河勝が入っていたのではないかと、かつて疑ったことがある（拙著『聖徳太子は誰に殺された』ワニ文庫）。

理由は簡単なことで、広大な領土を持っていた秦氏にとって、律令が完成してしまうことは、土地を奪われることに直結していたからだ。だから秦河勝は、中大兄皇子や中臣鎌足《なかとみのかまたり》とともに、改革派の蘇我を潰しにかかったのだろう。その、蘇我潰しの末裔が、奈良朝末期以降の天皇家と藤原氏であり、彼らは最終的に、蘇我の亡霊のさまようヤマトの盆地を捨てて、山背国に都を移した。その段取りをつけたのが秦氏であり、それはなぜかと言えば、中大兄皇子と中臣鎌足と秦河勝がグルだったからではないかと思ったわけである。

そして大避神社の伝承は、この推理を裏付けているように思えてならない。秦河勝が大化改新とともに都に帰ることができなかったのは、蘇我入鹿殺しの主犯のひとりだからだろう。そして、「蘇我の乱」とはすなわち、乙巳《おっし》の変の蘇我入鹿暗殺と、これによって秦河勝が都から逃亡した歴史を、別の事件にすり替えたということでしかないだろう。

■なぜ雄略は特別視されるのか

播磨の七世紀の秦河勝の話に飛んだのは、それなりの理由があってのことだ。というのも、秦河勝の改革潰しと、五世紀の吉備の反乱の間には、かすかな接点があるからである。遠い因果ではあるが、確かな連続性があったように思われる。

吉備の反乱があったからこそ、秦河勝が、播磨に逃げてきたのである。狐につままれた思いだろうが、これからその意味を説明していこう。

さて、第二章で触れたように、五世紀後半の吉備は、急激に衰弱し、また、ヤマトの介入を受け、力を削《そ》がれていった。

ヤマト建国の中心に立っていた吉備が、なぜヤマトに疎《うと》まれたのだろう。各地の首長層が寄り集まって、合議を旨《むね》としていたであろうヤマトが、なぜ首長層の真ん中に立っていた吉備を、排除しようと考えたのだろう。そしてなぜ、それが可能だったのだろう。

鍵《かぎ》を握っているのは、雄略《ゆうりゃく》天皇である。

すでに触れたように、この人物が、古代史の画期をつくりだしたことは間違いない。『万葉集』のみならず、古代の人びとは、この人物を特別視していたからだ。

では雄略天皇は、いったい何をこの国にもたらしたのだろう。なぜそれが、八世紀にいたっても、「雄略は別格の存在」と思わせるに至ったのだろう。

祭祀に専念することを義務づけられていたヤマトの力のない王家が、いかにして強い王になれるのか、雄略天皇の目論見は、この一点に絞られていたと思う。それは、倭《わ》の五王《ごおう》の時代、朝鮮半島に盛んに軍事介入を行い、ヤマトの王が、次第に高い評価を受けていったことと、無縁ではないだろう。

けれども、遠征軍の「兵士」は各地の豪族からの借り物であり、大王が国内で大きな顔をして威張っていられることもなかっただろう。

だからこそ、雄略は、尋常ならざる手段で、天下を掌握した、ということだろうか。

かつての私の考えは、次のようなものだった。

これまでさんざん触れてきたように、ヤマトの政治運営は、合議制を旨とするものだった。この伝統は、八世紀に律令制度が誕生しても、変わることがなかった。

律令制度は、中国の隋《ずい》や唐《とう》で完成した、皇帝を頂点とする中央集権国家を構築するための明文法であり、社会制度であった。ところが日本では、これが「合議制のための明文法」に化けるのである。

このシステムの中で天皇は、合議機関の頂点に立つ太政官《だじょうかん》が決定した案件を追認するだけの存在であった。

なぜ日本人は、独裁権力を嫌ったのだろう。それは、体に染《し》みついた多神教的な発想ゆえのことだろう。

このように、八世紀にいたっても、ヤマト朝廷は、独裁権力を嫌っていたのである。

それだからこそ、雄略天皇の出現は、「突然変異」とも言うべき、異常な事態であったと考えてきた。尋常ならざる手段を駆使して独裁を目指したから、多くの文書が特別扱いし、『日本書紀』に至っては、「大《はなは》だ悪《あ》しくまします天皇《すめらみこと》なり」という民衆の言葉を採録していたと思っていたのである。

そして、独裁権力を目指す天皇家と、受難する豪族層という図式を描き、この「強い天皇」を潰し、豪族による合議の政治体制を取り戻そうと、六世紀から七世紀にかけて、蘇我氏が活躍したのだろうと考えていた。

だが、これは大きな誤りであった。瀬戸内海の歴史を振り返ってみて、そのことに、ようやく気づいたのである。

■瀬戸内海を旅して雄略天皇の正体がようやくわかった

三世紀のヤマト建国まで、一度話を戻そう。

ヤマト建国の中心に立っていたのは吉備で、彼らは瀬戸内海の流通を支配することで、強大な力を手に入れたのである。

吉備にとっての生命線は関門海峡で、この蛇口をふさがれれば没落する。だから、本能的に、トヨの「出雲・北部九州連合」に恐怖し、トヨを裏切ったのである。

吉備（物部）が皇位をトヨの末裔に譲ったのちも、ヤマト朝廷の政治運営は、当初、吉備を中心に回っていただろう。だが、五世紀にいたり、朝鮮半島を巡る情勢が緊迫し、多くの首長層から兵隊を調達しなければならなくなると、吉備のみならず、周囲の首長層も、次第に発言力を増していったに違いない。

もっとも、五世紀前半の吉備には、ヤマトの王家と同等の前方後円墳が築かれていたから、吉備の掌握する瀬戸内海の海人《あま》たちが、遠征に大いに活躍し、いっそう吉備は発言力を増していた、ということであろうか。ただしそうなると、「吉備ひとりが頑張っているのではない」という鬱憤《うっぷん》が、周囲の首長層に蓄積していった可能性も高くなる。

さらに、ヤマトの王家にも変化はあっただろう。なぜなら、首長層が差し出した男手を活用しての遠征軍とはいえ、ヤマトの王は「旗印《はたじるし》」として、対外的には名を上げていった。しかも、国内の馴れ合いの政治運営に限界が見えてきたのだろう。海外での交渉や謀略戦となると、「国家の統一された意志」と「意志決定のスピード」が求められてくる。当然、力を持ったリーダーが求められただろう。

こうして雄略天皇が、彗星《すいせい》の如《ごと》く、現れるのである。それでは、この人物、いったい何をしでかしたというのだろう。

われながら迂闊《うかつ》だったのは、『日本書紀』が雄略天皇を指して、「悪い天皇」と書いていることを、深く考えず、葛城や吉備が潰されていったことを、「豪族潰しの暴挙」と安直に考えていたことだ。

『日本書紀』は、天皇に従う者は、渡来系の豪族数名だったと記している。そうなると、雄略の暴走によって、人心は離れ、いよいよ雄略は独裁体制に入ったと考えていた。

それに、雄略ののちの王家の系譜には、混乱と度重なる入れ替わりが見られ、武烈《ぶれつ》天皇という暴君の出現によって、継体《けいたい》天皇が越（北陸）から連れてこられるという事態に発展しているから、これらの「暴君VS豪族」という図式が雄略朝につくられ、継体天皇の出現によって、豪族層が権力を奪回したと考えていたのだ。

けれども、これは間違いだった。ここに、『日本書紀』の「歴史改竄《かいざん》のテクニック」が隠されていたのである。

なぜそのようなことが言えるのかというと、瀬戸内海で巨大な力を保ち、ヤマトの王家と肩を並べるほどの古墳を造ってきた「吉備」が、「ヤマトそのもの」にとって、邪魔になってきたということであり、「ヤマト」の柱が「吉備」であった時代が、次第に終わりつつあったからである。

発足当初こそ、ヤマトは吉備中心に動いていたに違いない。しかし、五世紀にいたり、ヤマト朝廷が盛んに朝鮮半島に出兵をくり返しているうちに、多くの首長層が、発言を求めていたことは、想像に難くない。そして、主導権を握り続けたい「吉備」と、たびたび衝突した可能性がある。

もちろん、そんな中にあってもヤマトの王家に力があるわけではない。だが、「強い吉備」に対抗しようとする首長層が現れれば、彼らは「旗印」として、ヤマトの王家を担《かつ》ぎ上げはしなかっただろうか。

じつは、五世紀前半の吉備の巨大な前方後円墳は、「吉備と他の首長層の確執」が表面化しつつあった「物証」ではないかとさえ思えてくるのである。

この吉備がヤマトの中枢《ちゅうすう》に居座っていたら、吉備がヤマトに対抗するかのように巨大な前方後円墳を築く必要はなかったからである。

雄略天皇の出現によって吉備は没落する。繰り返すが、『日本書紀』は、このとき雄略天皇には、国内の豪族が誰もついてこなかったと記録している。

瀬戸内海を牛耳《ぎゅうじ》っていた吉備を潰すことができたのに、ひとりもあとからついてこなかったという記事は、にわかには信じがたい。『日本書紀』は何かを隠しているのではあるまいか。

誰かが雄略天皇を後押ししていたはずなのに、『日本書紀』はその「影」を、抹殺《まっさつ》しているに違いないのである。

雄略天皇は、クーデターによって王位を獲得したとはいうが、たったひとりで、どうやって「強い吉備」に対抗できたというのだろう。「吉備」だけではない。雄略天皇はこのとき、「吉備」と手を組んでいた「葛城」をも武力で葬り去っている。これが単独行動であるはずがない。

吉備が反発し瀬戸内海と関門海峡を閉じてしまえば、政権はすぐに干上がってしまっただろう。

■クーデターを後押ししているのは東国？

誰かが雄略を後押ししていたはずである。それは、『日本書紀』の言うように、数人の渡来系豪族だったのだろうか。

これまでの考えならば、

「朝鮮半島のどこかの国が、雄略をそそのかしたのではないか」

ということになろうか。

だが、第二章で触れたように、朝鮮半島（任那）と手を結び、活路を見出《みいだ》そうとしたのは、むしろ「吉備」の方だったと、『日本書紀』は記録している。これは暗示ではなく、事実だったのではあるまいか。

瀬戸内海を維持する目的は、北部九州や朝鮮半島との交易ルートの確保にあるのだから、朝鮮半島南部と吉備のつながりは、至極自然な成り行きである。

そうなってくると、いよいよもって雄略天皇は、孤立無援である。

だが、考古学が、大きなヒントをわれわれに与えてくれた。それは、埼玉《さきたま》古墳群（埼玉県行田市《ぎょうだ》）の稲荷山《いなりやま》古墳から出土した鉄剣だ。ここに、五世紀の東国が、ヤマトの支配体制にしっかりと組み込まれていたこと、ヤマトの軍事力を支える大きな力になっていた可能性を証明する文字が刻まれていたのである。これがいわゆる、稲荷山古墳鉄剣銘である。

この銘文に何が書かれ、文面のどこが大きな意味を持っていたのかというと、雄略天皇の時代に、ヤマトの王家と東国が、強く結ばれていたこと、ヤマトの王の権威が、東国に浸透していたということである。

問題は、稲荷山古墳鉄剣銘に、ヤマトの大王の名が「獲加多支鹵《わかたける》」と記されていたことだ。これが、雄略の和風諡号《しごう》「大泊瀬幼武天皇《おおはつせのわかたけのすめらみこと》」に通じていることは、あらためて述べるまでもない。そして、東国と雄略が強く結ばれていたにもかかわらず、この「実態」を、『日本書紀』がまったく無視してしまったところに大きな問題がある。

それだけならまだしも、『日本書紀』は、雄略天皇が崩御されたとき、蝦夷《えみし》たちは「いいチャンスが到来した」と、蜂起《ほうき》の動きを見せていたことまで記録している。まるでヤマトと東国はいがみ合っているかのような記事ではないか。

これは、「東国と雄略のつながり」を覆《おお》い隠すための捏造《ねつぞう》記事ではないかと思いいたるのである。

稲荷山古墳鉄剣銘は、このような『日本書紀』の記事を根底から覆してしまった。そうなると、雄略天皇には、「東国」という味方がついていた可能性が出てくるのである。

ではなぜ、『日本書紀』は「雄略の背中を押す東国」という事実を、歴史から抹殺したのだろう。

まったく支持基盤のなかった雄略が、周囲の皇族をなぎ倒し、当時最大の勢力を誇っていた「葛城」と「吉備」を、次々と倒していったこと自体、深い謎だったのだ。だが、稲荷山古墳鉄剣銘が、大きなヒントをわれわれに投げかけてくれたのである。

もし東国が雄略天皇を後押ししていたなら、雄略は「ヤマトから見て邪魔でしかたない吉備」を、排除できたのではないか、ということである。

■雄略と東国と瀬戸内海

ヤマト建国のひとつの謎は、四世紀以降、東国が急激に発展することなのだ。前方後円墳の数と大きさを比べても、西日本が次第に縮小化していくのに対し、東国は日の出の勢いで伸びている。それまで、後進地帯であった東国が、なぜか、ヤマト建国直後から急激に発展し、勢いは留まるところを知らなかったのである。ヤマト建国でもっとも得をしたのは東国で、ヤマト建国そのものも、東国が仕掛けたのではないかと思わせるほど、東西のパワーバランスは、逆転していくのである。

新興勢力である東国にすれば、五世紀前半にいたり、「ヤマト建国はわれわれの努力のたまもの」と、古い手柄を盾に、わが物顔でヤマトを牛耳る吉備は、「できればいなくなって欲しい」勢力だっただろう。

かたや雄略天皇にすれば、義務づけられた「弱い王、祭祀《さいし》のみの王」という束縛から逃れたいという気持ちがあっただろうし、「王家の私欲」だけではなく、「もはや吉備や葛城だけがのさばっている時代ではない」「豪族の合議だけに頼っていたら、ヤマトは沈没する」という意識があったのではなかったか。

じつをいうと、雄略と東国のつながり、雄略天皇の吉備潰しの実態がはっきりとしてくると、その後のヤマトの歴史に矛盾がなくなるのである。

日本における律令制の先鞭《せんべん》をつけたのは、七世紀の聖徳太子（厩戸皇子《うまやどのみこ》）であり、この人物は蘇我系皇族であった。そして近年、これまでは改革事業の邪魔だてをしていたと信じられてきた蘇我氏が、じつは、改革派の先頭に立っていた疑いが出てきているのである。その証拠に、律令制度の前段階の六世紀の屯倉制《みやけ》（大王家の直轄領《ちょっかつりょう》を屯倉と呼んだ）を積極的に推進していたのは、蘇我氏だったのである。

その屯倉制が始まる以前のヤマトの王家を支えていたのが「部民制《べみんせい》」で、このシステムへつながる改革を目指したのが、何を隠そう雄略天皇だったのである。

雄略天皇は、それまで首長層が「善意」によって持ち来たった富や労働力、兵力に頼ることない、人制の整備を進めた。そして、ヤマトの王家の発言力、求心力を、これによって高めようとしたのだろう。

考えてみれば、このような、「ヤマトの王家に力を与える」という方針は、雄略天皇から蘇我氏に引き継がれたわけで、それはなぜかといえば、九州編で触れたように、蘇我氏がヤマトの王家（トヨの王家）と想像以上に近い存在であったからだろう。

もちろん蘇我氏は、中国の皇帝のような独裁権力を握らせようとしたわけではなく、単純な「祭司王」からの脱却を目指し、政治的力を持った王の出現を望んだのだろう。

そして興味深いのは、蘇我氏も「東国」の力をあてにしていたということである。七世紀の飛鳥の甘樫丘《あまかしのおか》を守っていた兵士たちは、東国の者どもだった。蘇我入鹿の父が「蝦夷《えみし》」と呼ばれていたのも、蘇我と東国の強い因果を感じさせるのである。

それだけではない。やはり蘇我氏と結ばれていた天武天皇は、壬申《じんしん》の乱に際し、東国に逃れ、一気に近江朝《おうみちょう》を滅ぼしている。

どう考えても、蘇我と東国は、結ばれている。そして、雄略天皇が「東を頼った」という事情と、蘇我、天武の行為は、同じ目的で結ばれていたように思えてならないのである。

それは、強大な力で瀬戸内海を支配する「吉備」に対抗するためには、東国の力を借りるほかない、ということであり、「吉備」が強すぎたがゆえに、東国とヤマトの王家が手を結んだ可能性が高い、ということである。

この図式は、弥生時代後期の「強すぎた北部九州」と「反発する瀬戸内海」の図式に似ていて、「瀬戸内海＝吉備」は、自ら作り上げた歴史の教訓を生かし切ることなく、強くなりすぎたゆえに、「東」に裏切られたような気がしてならないのである。

そしてこのような西（瀬戸内海）と東の対立軸という図式は、源平《げんぺい》合戦の時代のみならず、戦国時代、明治維新、そして戦前戦後を通じて、繰り返されてきたのではないかと思いいたるのである。

瀬戸内海が豊かで、大切な水運ルートだったからこそ、瀬戸内海を中心に西日本はひとつに固まり、騎馬を重視した東日本とは違った、独自の文化を築きあげていったのだろう。

また瀬戸内海は、謎に満ちた古代日本史を解き明かす鍵を握っていたのである。日本の歴史は、瀬戸内海の制海権をめぐる争いの連続だったといっても過言ではないのだから……。

何はともあれ、瀬戸内海の歴史は、奥が深い。楽しくて仕方がない。日本中を巻き込んだ、瀬戸内海の歴史は、飽きが来ないのである。

おわりに

十年程前、吉備津神社を訪れたときのことだ。

帰り際《ぎわ》、駐車場でレンタカーのカーナビを岡山県立博物館にセットすると、国道一八〇号線ではなく、いわゆる「吉備の中山」の山中に誘導されてしまった。

一抹《いちまつ》の不安を抱えながらも、導かれるまま深い森の中を走っていくと、右手に「岡山県古代吉備文化財センター」なるものを発見した。

カーナビのお導きとはこのことか、と、妙に感動し、車を止めて、小さな展示室の扉を開いてみた。ちょうど学芸員の方がいらっしゃって、あれこれ雑談をした。

言葉の端々から「吉備の重要性が、なぜ話題にならないのか」、という無念の思いが伝わってきた。

いやいや、もうすでに、吉備の大切さは、多くの学者が気づいている。ヤマト建国に占めた吉備の大きさ、そして、ヤマト建国後の吉備の活躍は、多くの物証が証明しているからである。

だが、それでも世間一般には、古代史といえば、北部九州であり、出雲であり、ヤマトなのである。吉備や瀬戸内海は、忘れ去られがちだ。

なぜ、瀬戸内海は、無視されるのだろう。それは、「邪馬台国論争」の弊害のひとつではないだろうか。畿内か北部九州か、という二者択一の議論が、瀬戸内海の存在を、見落としてしまっているからだ。新聞などのマスメディアが注目していないのも問題である。

しかし、極論すれば、瀬戸内海が分からなければ、邪馬台国やヤマト建国の実態は解き明かせないのであり、これからいよいよ、瀬戸内海と吉備は、重要視されていくに違いないのである。

そして今回、吉備の反乱を追っていく中で、東国の重要性を再認識したことは、大きな収穫であった。東国や関東といえば、これまで古代史でそれほど話題に上ることはなかった。だが、三世紀のヤマト建国の恩恵をもっとも受けたのが東国であり、しかも『日本書紀』は、東国の歴史を「できれば書き残したくない」と思っていた節がある。

謎《なぞ》多き日本の歴史は、ひとつの場所だけみつめていても、解き明かすことはできないのである。

なお、今回の文庫化に当たっては、新潮社顧問松田宏氏、新潮文庫編集部の高梨通夫氏、校閲部の大倉香織氏、歴史作家の梅澤恵美子氏のみなさまに御尽力いただきました。改めてお礼申し上げます。

合掌

文庫版あとがき

邪馬台国《やまたいこく》ヤマト説の最有力候補地は纒向《まきむく》遺跡（桜井市）だが、その大型掘立柱《ほったてばしら》建物の南側の土坑から、平成二十二年（二〇一〇）に二七六五個の桃の種が発見された。

桃は古来、不老長寿、魔除《まよ》けの呪力《じゅりょく》をもつと信じられていた。道教の女神・西王母《さいおうぼ》は伝説の聖山・崑崙山《こんろんさん》に桃園を所有し、三千年に一度咲き実をつける仙桃を栽培し、前漢の武帝に与えたという。

『古事記』神話の中で、イザナギが黄泉国《よみのくに》から逃げ帰るとき、イザナミが遣わした八《や》種《くさ》の雷神《いかずちのかみ》や黄泉の軍勢を追い返すために、十拳剣《とつかのつるぎ》を抜いて脅したが、無駄だった。

そこで、最終兵器に選んだのは、桃の実だった。これを投げかけると、黄泉の雷神たちは、逃げ帰ったのだ。イザナギは桃の実に、「今私を助けたように、葦原中国《あしはらのなかつくに》のすべての生きものが苦しむとき、助けるように」と告げ、意富加牟豆美命《おおかむずみのみこと》の名を賜ったのだった。桃はこうして、神になったのだ。古代人が桃を珍重していた様子が分かる。

問題は、「卑弥呼《ひみこ》の宮殿？」の脇《わき》で桃がみつかったことだ。ここで卑弥呼が「桃の祭祀《さいし》」を執り行っていたのではないかと騒ぎになった。また、「邪馬台国ヤマト説の有力な証拠」ともてはやされ、大々的に報道されたのだ。

ところが、桃なら、吉備《きび》も負けていなかった。弥生時代から古墳時代に至る吉備の中核的集落＝上東《じょうとう》遺跡（岡山県倉敷市）で、平成九年（一九九七）に、すでに桃の種が大量に発見されていたのだ。数えてみると、九六〇六個と判《わか》った。纒向遺跡の三倍以上もある。もちろん、ひとつの遺跡から発見された桃の種の数で、日本一だ。それにもかかわらず、「吉備の桃」は、忘れ去られたままなのだ。こうなってくると桃太郎伝説も、深い歴史に根ざしていたのではないかと勘ぐりたくなってくる。

もちろん、邪馬台国が吉備だったと言いたいわけではない。けれども、ヤマト建国に果たした吉備と瀬戸内海の大きさに、もっと注目してほしいと願っているだけなのだ。吉備と瀬戸内海の古代史は、これから大いに注目されていくことだろう。

それから、最後に一言。『古代史謎《なぞ》解き紀行Ⅲ　九州邪馬台国編』で、「一家に一冊『謎解き紀行』！」と、呪文をかけておきましたが、こうしてめでたく、四巻目が完成しました。みなさまのおかげです。ありがとうございました。

次回は大阪、和歌山編です。乞うご期待。

参考文献

『古事記 祝詞』 日本古典文学大系 （岩波書店）

『日本書紀』 日本古典文学大系 （岩波書店）

『風土記』 日本古典文学大系 （岩波書店）

『萬葉集』 日本古典文学大系 （岩波書店）

『続日本紀』 新日本古典文学大系 （岩波書店）

『魏志倭人伝・後漢書倭伝・宋書倭国伝・隋書倭国伝』 石原道博編訳 （岩波文庫）

『旧唐書倭国日本伝・宋史日本伝・元史日本伝』 石原道博編訳 （岩波文庫）

『三国史記倭人伝 他六篇』 佐伯有清編訳 （岩波文庫）

『先代舊事本紀 訓註』 大野七三編著 （意富之舎、新人物往来社）

『神道大系 神社編』 （神道大系編纂会）

『日本書紀 一 二 三』 新編日本古典文学全集 （小学館）

『古事記』 新編日本古典文学全集 （小学館）

『瀬戸内の海人たち 交流がはぐくんだ歴史と文化』 森浩一 網野善彦 渡辺則文 （中国新聞社）

『瀬戸内の海人たち Ⅱ 水軍――情報がもたらした文化と経済』 森浩一 網野善彦 生田滋 山内譲 （愛媛新聞社）

『源平海の合戦 史実と伝承を紀行する』 森本繁 （新人物往来社）

『瀬戸内水軍を旅する』 中国新聞社・編著 （新人物往来社）

『前方後円墳と吉備・大和』 近藤義郎 （吉備人出版）

『古墳時代の政治構造 前方後円墳からのア

プローチ』 広瀬和雄・岸本道昭・宇垣匡雅・大久保徹也・中井正幸・藤沢敦（青木書店）
『吉備の古代史　王権の盛衰』 門脇禎二（日本放送出版協会）
『吉備津神社』 藤井駿（日本文教出版）
『日本の歴史03　大王から天皇へ』 熊谷公男（講談社）
『吉備の考古学　吉備世界の盛衰を追う』 近藤義郎・河本清編（福武書店）
『外国新聞に見る日本』 国際ニュース事典出版委員会・毎日コミュニケーションズ（マイナビ出版）
『考古学から見た邪馬台国の東遷』 奥野正男（毎日新聞社）
『白鳥伝説』 谷川健一（集英社）
『日本全国ローカル線おいしい旅』 嵐山光三郎（講談社現代新書）
『瀬戸内の海賊』 山内譲（講談社選書メチエ）
『日本の神々』 谷川健一編（白水社）
『大嘗祭　天皇即位式の構造』 吉野裕子（弘文堂）
『日本国家の成立と諸氏族　田中卓著作集』 田中卓（国書刊行会）
『物部・蘇我氏と古代王権』 黛弘道（吉川弘文館）
『高良山史』 太田亮（石橋財団）
『女王卑弥呼の国』 鳥越憲三郎（中公叢書）
『古代日本正史―記紀以前の資料による』原田常治（同志社）

この作品は二〇〇七年四月ポプラ社より刊行された、
『古代史謎解き紀行Ⅳ瀬戸内編』を改題した。

関裕二著

古代史謎解き紀行Ⅰ
―封印されたヤマト編―

記紀神話に隠されたヤマト建国の秘密。大胆な推理と綿密な分析で、歴史の闇に秘められた古代史の謎に迫る知的紀行シリーズ第一巻。

関裕二著

古代史謎解き紀行Ⅱ
―神々の故郷出雲編―

ヤマトによって神話の世界に隠蔽された出雲。その真相を解き明かす鍵は「鉄」だった！古代史の謎に鋭く迫る、知的紀行シリーズ。

関裕二著

古代史謎解き紀行Ⅲ
―九州邪馬台国編―

邪馬台国があったのは、九州なのか畿内なのか？古代史最大の謎が明らかにされる！大胆な推理と綿密な分析の知的紀行シリーズ。

関裕二著

物部氏の正体

大豪族はなぜ抹殺されたのか。ヤマト、出雲、そして吉備へ。意外な日本の正体が解き明かされる。正史を揺さぶる三部作完結篇。

関裕二著

藤原氏の正体

藤原氏とは一体何者なのか。学会にタブー視され、正史の闇に隠され続けた古代史最大の謎に気鋭の歴史作家が迫る。

関裕二著

蘇我氏の正体

悪の一族、蘇我氏。歴史の表舞台から葬り去られた彼らは何者なのか？大胆な解釈で明らかになる衝撃の出自。渾身の本格論考。

関裕二著
古事記の禁忌《タブー》 天皇の正体
古事記の謎を解き明かす旅は、秦氏の存在、播磨の地へと連なり、やがて最大のタブー「天皇の正体」へたどり着く。渾身の書下ろし。

関裕二著
古代史 50の秘密
古代日本の戦略と外交、氏族間の政争、天皇家と女帝。気鋭の歴史作家が埋もれた歴史の真相を鮮やかに解き明かす。文庫オリジナル。

亀井勝一郎著
大和古寺風物誌
輝かしい古代文化が生れた日本のふるさと大和、飛鳥、歓びや苦悩の祈りに満ちた斑鳩の里、いにしえの仏教文化の跡をたどる名著。

梅原猛著
天皇家の〝ふるさと〟日向をゆく
天孫降臨は事実か？ 梅原猛が南九州の旅で記紀の神話を実地検証。戦後歴史学最大の〝タブー〟に挑む、カラー満載の大胆推理紀行！

梅原猛著
葬られた王朝
―古代出雲の謎を解く―
かつて、スサノオを開祖とする「出雲王朝」がこの国を支配していた。『隠された十字架』『水底の歌』に続く梅原古代学の衝撃的論考。

梅原猛著
隠された十字架
―法隆寺論―
毎日出版文化賞受賞
法隆寺は怨霊鎮魂の寺！ 大胆な仮説で学界の通説に挑戦し、法隆寺に秘められた謎を追い、古代国家の正史から隠された真実に迫る。

消《き》えた海洋王国《かいようおうこく》 吉《き》備《び》物部《もののべ》一族《いちぞく》の正体《しょうたい》

古代史謎解き紀行

新潮文庫　せ－13－10

平成二十八年十二月一日発行

著者　関《せき》裕《ゆう》二《じ》

発行者　佐藤隆信

発行所　株式会社 新潮社

郵便番号　一六二―八七一一
東京都新宿区矢来町七一
電話 編集部(〇三)三二六六―五四四〇
　　 読者係(〇三)三二六六―五一一一
http://www.shinchosha.co.jp

価格はカバーに表示してあります。

乱丁・落丁本は、ご面倒ですが小社読者係宛ご送付ください。送料小社負担にてお取替えいたします。

印刷・錦明印刷株式会社　製本・錦明印刷株式会社

ISBN978-4-10-136480-3 C0121